KÖNIGS ERLÄUTERUNGEN

Band 478

Textanalyse und Interpretation zu

Harper Lee

TO KILL A MOCKINGBIRD

Hans-Georg Schede

Alle erforderlichen Infos für Abitur, Matura, Klausur und Referat plus Musteraufgaben mit Lösungsansätzen

Bange Verlag

Zitierte Ausgabe:
Harper Lee: *To Kill a Mockingbird.* New York: Grand Central Publishing, 1982 (ISBN 978-0-446-31078-9).

Die Prüfungsaufgaben mit Musterlösungen (Kap. 6) übersetzte Patrick Charles.

Über den Autor dieser Erläuterung:
Hans-Georg Schede, 1968 geboren, studierte in Freiburg Germanistik und Anglistik, promovierte über den Gegenwartsautor Gert Hofmann und hat seither als Buchredakteur, Gymnasiallehrer und freier Autor gearbeitet. Er hat zahlreiche Bücher für Schule und Studium geschrieben (u. a. zu Werken von Goethe, Schiller, Kleist, Büchner, Fontane, Thomas Mann, Kafka, Brecht, Faulkner, Uwe Timm und Roddy Doyle) und mehrere Unterrichtsmodelle (u. a. zu Werken von Schiller, Kleist, Büchner, Hesse und Charlotte Kerner) verfasst. 2004 erschien seine Biographie über *Die Brüder Grimm* (erweiterte Neuauflage: 2009), 2008 der Band *Heinrich von Kleist* in der Reihe „rowohlts monographien", 2017 das Buch *Caroline Schede. Eine Geschichte des privaten Lebens in der Goethezeit*.

2. Auflage 2018
ISBN: 978-3-8044-2042-7
PDF: 978-3-8044-6042-3, EPUB: 978-3-8044-7042-2

Titelabbildung: 'To Kill a Mockingbird' Play, Regent's Park Open Air Theatre, London, Britain, 2015 © ullstein bild – Rex Features / Jane Hobson Shutterstock
Druck und Weiterverarbeitung: Tiskárna Akcent, Vimperk

1. DAS WICHTIGSTE AUF EINEN BLICK – SCHNELLÜBERSICHT

Die folgende Übersicht soll die Orientierung in dem Band erleichtern und dazu beitragen, dass jeder Leser das für ihn Interessante rasch entdeckt.

Im zweiten Kapitel wird **Harper Lees Leben** beschrieben und der **zeitgeschichtliche Hintergrund** ihrer beiden Romane *To Kill a Mockingbird* und *Go Set a Watchman* dargestellt:

⇨ S. 12 ff.

→ Harper Lee kam 1926 in Monroeville, einer Kleinstadt in Alabama, als jüngstes Kind eines Anwalts zur Welt und starb 2016 im Alter von 89 Jahren. Sie war eine Einzelgängerin, bereits als Kind zugleich scheu und burschikos.

⇨ S. 18 ff.

→ Ihr literarisches Werk besteht aus lediglich zwei Romanen, die beide, angelehnt an eigene Erfahrungen, auf unwiderstehlich sympathische und bemerkenswert kluge Weise den gesellschaftlichen Mikrokosmos einer Provinzstadt im amerikanischen Süden beleuchten. In beiden Werken wird der alltägliche Rassismus der weißen Bevölkerung gegenüber den Schwarzen zum Prüfstein von Anstand und Moral.

→ Der als Ich-Erzählung angelegte Roman *To Kill a Mockingbird* spielt in den 1930er Jahren, während der Zeit der Großen Depression, in der starke wirtschaftliche Not herrschte und sich gesellschaftliche Konflikte verschärften. Die wichtigste Episode des Romans, in der ein Schwarzer von einer aus Weißen bestehenden Jury wegen der angeblichen Vergewaltigung eines weißen Mädchens zum Tode verurteilt wird, weist viele Parallelen zu einem berühmten Gerichtsfall jener Zeit auf.

→ Der eine der beiden Romane, *To Kill a Mockingbird*, erschien 1960 und wurde ein Welterfolg. Der andere, noch vor *To Kill a Mockingbird* entstandene, *Go Set a Watchman*, wurde erst kurz vor Harper Lees Tod wiederentdeckt und mit ihrer Zustimmung veröffentlicht. ⇨ S. 26 ff.

→ *Go Set a Watchman* ist in der dritten Person erzählt und spielt knapp zwanzig Jahre später, in den 1950er Jahren. Der Roman handelt von Jean Louises später und schmerzhafter Erkenntnis, dass ihr Vater Atticus nicht ganz dem idealen Bild entspricht, das sie sich in ihrer Kindheit und Jugend von ihm gemacht hat. Sie lernt auszuhalten, dass sie nicht in allen wichtigen Fragen dieselben Überzeugungen vertreten. Während die Beziehung zum Vater auf einer neuen, realistischeren Grundlage intakt bleibt, zerbricht die Beziehung zu ihrem Jugendfreund Hank, der sie gerne heiraten möchte, an dem gleichen Konflikt.

Das dritte Kapitel enthält eine **Textanalyse und -interpretation**.

To Kill a Mockingbird – Entstehung und Quellen:

Harper Lee lebte sehr zurückgezogen und war als Autorin nicht auskunftsfreudig. Daher ist kaum etwas über die Entstehung ihres berühmten Romans bekannt. Sicher ist aber, dass sie in dem Buch viel Persönliches einfließen ließ. Die Nebenfigur des Dill ist ein Porträt ihres Kindheitsfreundes Truman Capote. ⇨ S. 35 f.

Inhalt:

Der erste Teil des Romans handelt hauptsächlich davon, wie die – zu Beginn der Handlung fast sechsjährige – Ich-Erzählerin und Hauptfigur Jean Louise Finch, genannt Scout, ihr vier Jahre älterer Bruder Jem und ihr Freund Dill, der jeweils seine Sommerferien in Maycomb verbringt, Kontakt zu dem geheimnisvollen Arthur Radley, ⇨ S. 37 ff.

genannt Boo, aufzunehmen versuchen, der aufgrund lange zurückliegender Jugendverfehlungen nie das Haus verlässt.

Im zweiten Teil verteidigt Scouts Vater, der Rechtsanwalt Atticus Finch, einen zu Unrecht der Vergewaltigung eines weißen Mädchens angeklagten Schwarzen. Der Beschuldigte wird verurteilt und stirbt. Atticus muss mit der Missbilligung der Mehrheit seiner weißen Mitbürger leben, die ihn aber nichtsdestotrotz erneut zu ihrem Repräsentanten in der gesetzgebenden Versammlung Alabamas wählen. Lediglich Bob Ewell, der Vater des angeblichen Vergewaltigungsopfers, verfolgt Atticus mit unversöhnlichem Hass und verübt schließlich einen heimtückischen Mordanschlag auf dessen beide Kinder. Scout und Jem werden von Arthur Radley gerettet, der den Angreifer tötet. Er hat über die beiden gewacht, die sich in ihrer kindlichen Neugier so für ihn interessiert haben. Danach zieht er sich wieder in seine Einsamkeit zurück. Die inzwischen achtjährige Scout hat den Eindruck, in zweieinhalb Jahren viel gelernt zu haben.

Chronologie und Schauplätze:

Der Roman spielt in Maycomb, einer fiktiven Kleinstadt in Alabama. Vorbild für diesen Schauplatz ist Harper Lees Geburtsstadt Monroeville in der Nähe der Hafenstadt Mobile.

Die Erzählung beginnt im Frühsommer 1933 und endet im Oktober 1935. Die ersten beiden Jahre dieses Handlungszeitraums werden im etwas kürzeren ersten Teil des Romans behandelt, die wenigen restlichen Monate (ab Sommer 1935) im zweiten Teil.

Aufbau:

➪ S. 67 ff.

Das beide Teile des Romans übergreifende Thema sind die Folgen sozialer Ausschließungsmechanismen in einer kleinstädtischen und überdies von Rassenvorurteilen geprägten Gemeinschaft. Der erste

Teil des Romans besteht eher aus einer Reihung von Episoden, während die Kapitel des zweiten Teils um ein Zentralereignis herum gruppiert sind. Der erste Teil wirkt besonders absichtslos und lebensecht, erweist sich aber auf den zweiten Blick ebenfalls als wohldurchdacht, um die Themen und ‚Botschaften' des Romans zur Geltung zu bringen. Der zweite Teil ist dagegen, schon aufgrund der hier dominierenden Justizthematik, viel offensichtlicher als politische Beispielerzählung angelegt. Im Schluss werden die beiden Handlungsschwerpunkte des Romangeschehens auf spannende und geschickte Weise miteinander verknüpft. Gleichwohl wirkt dieser Schluss ein wenig konstruiert und trägt so zum Eindruck einer gewissen künstlerischen Uneinheitlichkeit bei.

Personen:

→ Der verwitwete Rechtsanwalt **Atticus Finch** und seine beiden Kinder **Jem** und **Jean Louise, genannt Scout**, sind die Hauptfiguren des Romans. Atticus beeindruckt und provoziert seine Mitbürger durch seine Integrität, Besonnenheit und Friedfertigkeit. Dadurch wird er, der an sich selbst und seine Kinder den Anspruch stellt, sich in andere Menschen hineinzuversetzen und nicht über sie zu urteilen, in der kleinen Stadt zu einem Außenseiter. Jems Anlagen ähneln denen des Vaters, der ihm in vielem ein Vorbild ist, auch wenn er andererseits gerne ein ganz normaler Junge wäre. Scout ist impulsiv und jungenhaft, dabei für ihr Alter erstaunlich klug und einsichtsvoll, zugleich aber auch noch auf kindliche Weise arglos und naiv. Der Vater und der Bruder sind ihre wichtigsten Bezugspersonen. ⇨ S. 76 ff.

→ **Calpurnia**, die schwarze Haushälterin der Finchs, genießt mit Blick auf die Erziehung seiner Kinder das uneingeschränkte Vertrauen von Atticus; anders als seine Schwester Alexandra, die aus Scout gerne eine junge Dame machen möchte. ⇨ S. 99 f.

➪ S. 100
→ Eine weitere wichtige Bezugsperson von Scout ist die Nachbarin **Miss Maudie Atkinson**, durch die sie unter anderem manches erfährt, was sie noch nicht über ihren Vater wusste.

➪ S. 91
→ Scouts einziger echter Freund unter den ihr Gleichaltrigen ist der nur während der Sommerferien verfügbare **Dill**, ein unternehmungslustiges, phantasievolles und empfindsames Kind und wie sie ein Außenseiter.

➪ S. 100 ff.
→ **Tom Robinson** und **Arthur Radley** sind zwei gutartige Menschen, denen von ihren Mitmenschen übel mitgespielt wird. Den einen versucht Atticus vergeblich zu retten, der andere wird am Ende des Romans überraschend zum Retter von Scout und Jem.

Stil und Sprache Harper Lees:

➪ S. 116 ff.
To Kill a Mockingbird ist aus der Perspektive eines Kindes erzählt, jedoch nicht von einem Kind, sondern von einer erwachsenen Erzählerin, die sich in ihr früheres Ich hineinversetzt. Durch diese Erzählkonstellation lässt sich der Erlebnishorizont einer noch überwiegend kindlich-naiven Figur mit dem Erkenntnishorizont einer reiferen Person kombinieren.

In anderer Weise wiederholt sich diese Erzählkonstellation auf der Ebene der Handlung im Geschwisterpaar Jem und Scout. Jem ist vier Jahre älter und versteht daher vieles besser als Scout, die wiederum seine herausgekehrte Überlegenheit grundlos und albern findet. Aus diesem Dissens ergeben sich humoristische Effekte; vor allem aber stellt er eine weitere Möglichkeit dar, den Leser an den im Romangeschehen angelegten Erkenntnisprozessen teilhaben zu lassen.

Die durchgehend humoristische Erzählweise des Romans dient dem doppelten Zweck, auf unsentimentale Art die Erinnerung an eine vergangene Welt heraufzubeschwören und ohne Rechthaberei und Härte Kritik an der kindlichen Unreife der Hauptfigur – also im Grunde Selbstkritik – zu üben.

Verschiedene Interpretationsansätze bieten sich an:

Anhand verschiedener Figuren und Handlungsepisoden wird in *To Kill a Mockingbird* vorgeführt, wie aus tiefsitzenden – hier vor allem: rassistisch motivierten – Vorurteilen, aber auch aus leichtfertiger Lust an übler Nachrede Unheil und Leid erwachsen kann. ➪ S. 128 ff.

Die Spottdrossel, "the Mockingbird", dient als übergreifendes Symbol für solche unheilvolle Gewalt gegen wehrlose Kreaturen, welche im Roman ausdrücklich als Sünde bezeichnet wird. Dieses titelgebende Symbol unterstreicht die ‚Botschaft' des Romans, bleibt dabei aber zu vage, um ganz überzeugen zu können.

Die Versuche von Interpreten, weitere Elemente der Romanhandlung symbolisch auszudeuten, wirken zumeist bemüht und sind selten erhellend. Daraus lässt sich zweierlei folgern: Man sollte sich generell hüten, überall symbolische Bedeutungen aufspüren zu wollen; und: Harper Lees Kunst als Erzählerin liegt weniger in der symbolischen Aufladung einzelner Handlungsmomente als vielmehr in der Gestaltung lebendiger Personen und in einer raffinierten Erzähltechnik, mit der sie ihre Anliegen ebenso beiläufig wie nachdrücklich zur Geltung bringt.

Rezeptionsgeschichte:

To Kill a Mockingbird war vom Start weg ein phänomenal erfolgreiches Buch, was umso erstaunlicher ist, als es sich ja um den ersten Roman einer bis dahin ganz unbekannten Autorin handelte. Die Geschichte traf den Nerv der Zeit und wurde für viele Menschen zu einem ihrer wichtigsten Lese- und Bildungserlebnisse. Auch die Verfilmung des Romans, die bereits Ende 1962 in die Kinos kam, war ein großer Erfolg. ➪ S. 137 ff.

Harper Lee (1926–2016)

2. HARPER LEE: LEBEN UND WERK

2.1 Biografie

JAHR	ORT	EREIGNIS	ALTER
1926	Monroeville, Alabama	Am 28. April kommt Nelle Harper Lee als jüngstes von vier Kindern des Anwalts Amasa Coleman Lee (1880–1962) und der talentierten Pianistin Frances Cunningham Finch Lee (1889–1951) zur Welt. Ihr Vater, angeblich ein Nachfahre des Bürgerkriegsgenerals Robert E. Lee, ist bei Nelles (so ihr Rufname) Geburt bereits 46 Jahre alt, ein großgewachsener, ernster Mann, der mit seinen Kindern eher distanziert umgeht, aber dennoch der Abgott seiner jüngsten Tochter ist. Neben seiner Arbeit als Anwalt betätigt er sich bis 1947 als Redakteur und Herausgeber des *Monroe Journal*, dessen Mitbesitzer er seit 1929 ist. Zudem engagiert er sich, wie Atticus Finch im Roman, zwischen 1927 und 1939 als Abgeordneter in der "Alabama State Legislature" für die öffentlichen Belange. Auch die Mutter entstammt einer traditionsreichen Südstaatenfamilie. Sie wird in der älteren Forschungsliteratur als etwas exzentrisch, aber liebevoll beschrieben. In der neueren Literatur heißt es, sie sei psychisch krank gewesen und habe möglicherweise unter einer bipolaren Störung gelitten. Daher habe sie das Haus überhaupt nur selten verlassen. Der Haushalt wird hauptsächlich von einer schwarzen Haushaltshilfe, Maddy, besorgt.	Geburt

JAHR	ORT	EREIGNIS	ALTER
1926 bis 1944	Monroeville, Alabama	Nelle ist ein wildes, jungenhaftes Kind, das selten in Kleidern, dafür umso öfter in Overalls zu sehen ist. Ihr engster Spielkamerad ist der zwei Jahre ältere Truman Capote (damals Truman Persons, 1924–1984), der zwischen 1928 und 1933 in der unmittelbaren Nachbarschaft bei Verwandten lebt und ein eher weichliches Kind ist. Gemeinsam ist ihnen ihre Neugierde und Abenteuerlust, ihre Neigung, sich Phantasiewelten zu erschaffen und Geschichten auszudenken, sowie ihr frühreifes Sprachtalent. Capote hat später erklärt, er habe schon früh eine Schreibmaschine besessen, regelmäßig an seinen Geschichten gearbeitet und Nelle angehalten, ebenfalls ernsthaft zu schreiben. Sie habe nicht recht gewollt, habe sich aber von ihm dazu überreden lassen. Bis 1944 geht Nelle in Monroeville zur Schule.	1–18
1944 bis 1945	Montgomery, Alabama	Lee besucht Huntingdon College, eine Privatschule für Mädchen in der Hauptstadt. Dort ist sie unter ihren Kommilitoninnen eine Außenseiterin, weil sie nicht deren Interessen teilt.	18–19
1945 bis 1949	Tuscaloosa, Alabama	Lee wechselt als *undergraduate student* an die University of Alabama. Auch wenn sie sich nun stärker bemüht, am gemeinschaftlichen studentischen Leben teilzuhaben, gilt sie auch hier als individualistische Eigenbrötlerin. Sie schreibt Beiträge für die Studentenzeitschrift und redigiert 1946 bis 1947 den *Rammer-Jammer*, ein "humor magazine". 1947 beginnt Lee an der University of Alabama School of Law ein Jurastudium. Das Arbeitspensum ist so groß, dass sie die Herausgabe des *Rammer-Jammer* aufgeben muss. Bald erkennt sie jedoch (und teilt es ihrer Familie mit), dass nicht die Rechtswissenschaft,	19–23

JAHR	ORT	EREIGNIS	ALTER
	Oxford, England	sondern das Schreiben ihre wahre Berufung ist. Ein Semester ihres Studiums verbringt sie im Ausland, in Oxford. Bald nach ihrer Rückkehr bricht sie das Studium ab. Anders als ihre älteste Schwester Alice, die Rechtsanwältin geworden und in die Praxis des Vaters eingestiegen ist, geht Lee 1950 nach New York, um Schriftstellerin zu werden.	
1949 bis 1958	New York	Lee nimmt eine Stelle als Flughafenangestellte an. Abends schreibt sie an ihrem ersten Roman. Zu Weihnachten des Jahres 1956 stiften ihr ihre Freunde ein einjähriges Schreibstipendium (das Lee später mit Zinsen zurückzahlt). 1958 beendet Lee die erste Fassung von *To Kill a Mockingbird*, die im Verlagshaus J. B. Lippincott mit Interesse, aber auch kritisch aufgenommen wird. Zusammen mit der Lektorin Tay Hohoff arbeitet sie an der Endfassung.	23–32
1959 bis 1963	USA, vor allem Kansas	1959 wird in Kansas eine auf dem Lande wohnende Familie von zwei Obdachlosen brutal ermordet. Truman Capote und Lee unternehmen in der Folge mehrere Reisen, um mit den Beschuldigten zu sprechen und die Hintergründe des Falles zu recherchieren. Aus dem Material wird Capotes Aufsehen erregender dokumentarischer Roman *In Cold Blood* (1966).	33–37
1960	New York	Im Herbst erscheint *To Kill a Mockingbird*.	34
1961	Monroeville, Alabama	Lee erhält für ihren Roman den "Pulitzer Prize for Fiction" und weitere Literaturpreise. Sie kehrt in ihre Heimatstadt zurück und beginnt an einem zweiten Roman zu arbeiten. Sie veröffentlicht einige kleinere Zeitschriftenbeiträge (1961–1965).	35

JAHR	ORT	EREIGNIS	ALTER
1962	u. a. Monroeville, Hollywood	Im Mai erhält Lee die Ehrendoktorwürde des Mount Holyoke College. Robert Mulligan (1925–2008) verfilmt den Roman. Lee lehnt das Angebot ab, das Drehbuch zu schreiben, das daraufhin von Horton Foote (1916–2009) verfasst wird. Gregory Peck (1916–2003) übernimmt die Rolle des Atticus Finch und erhält von der Autorin die goldene Uhr ihres im April verstorbenen Vaters als Geschenk. Harper Lee nimmt als "special consultant" an der Produktion des Filmes in Hollywood teil. Der Film wird ein großer Erfolg und gewinnt drei Oscars (bester Hauptdarsteller, bestes Drehbuch, beste Ausstattung).	36
1964		Das Drehbuch zum Film erscheint mit einem Vorwort von Lee.	38
1966		Lee wird von Präsident Lyndon B. Johnson zum "National Council on the Arts" ernannt. Sie beteiligt sich an der Suche nach einem geeigneten Drehort für Capotes *A Christmas Memory*. *In Cold Blood* (1966) erscheint. Capote widmet das Buch Harper Lee und seinem langjährigen Lebensgefährten Jack Dunphy, versäumt es jedoch, Lees Anteil an dem Werk kenntlich zu machen, was sie enttäuscht und verletzt. Die Freundschaft der beiden Autoren leidet darunter, wenn auch nur vorübergehend.	40
1990	Montgomery, Alabama	Die University of Alabama verleiht Lee die Ehrendoktorwürde.	64
2000 bis 2007	Monroeville, Alabama, und New York City	Harper Lee lebt gemeinsam mit ihrer älteren Schwester Alice Lee – die von ihr als "Atticus in a skirt" bezeichnet wurde – zurückgezogen abwechselnd in ihrer Heimatstadt und in New York City. Ihr weiterhin einziger Roman ist	74–81

JAHR	ORT	EREIGNIS	ALTER
		nun schon seit Langem ein Welterfolg und in den USA Pflichtlektüre für nahezu jedes Schulkind. Viele Amerikaner geben in Umfragen an, die Lektüre von *To Kill a Mockingbird* sei eines ihrer entscheidenden Bildungserlebnisse gewesen.	
2005		In dem Oscar-nominierten Film *Capote* wird die Rolle Harper Lees von Catherine Keener gespielt. Lee erhält den Los Angeles Public Library Literary Award.	79
2007	Washington und Monroeville, Alabama	Harper Lee wird am 5. November vom US-Präsidenten George W. Bush mit der "Presidential Medal of Freedom" ausgezeichnet, dem höchsten zivilen Orden der USA. Im selben Jahr erleidet sie einen Schlaganfall und hat weitere gesundheitliche Probleme, in deren Folge ihr Hör- und Sehvermögen und das Kurzzeitgedächtnis abnimmt. Sie siedelt in ein Altersheim in ihrer Heimatstadt über.	81–89
2011	Monroeville, Alabama	Lees Freundin Tonja Carter entdeckt das Manuskript von *Go Set a Watchman* in einem Bankschließfach, das die junge Autorin 1958, noch vor *To Kill a Mockingbird*, fertiggestellt, für das sie damals aber keinen Verlag gefunden hatte.	85
2014	New York	Harper Lee stimmt zu, dass ihr Roman bei HarperCollins als E-Book und als Hörbuch erscheinen darf. Sie selbst, lässt sie erklären, liebe gebundene Bücher, aber sie sei beglückt und geehrt, dass ihr Roman so lange überlebt habe und nun in seinen neuen Erscheinungsformen auch der nächsten Generation zur Verfügung stehe.	88

JAHR	ORT	EREIGNIS	ALTER
2015	New York und Monroeville, Alabama	HarperCollins veröffentlicht im Juli Harper Lees Roman *Go Set a Watchman*. Vorübergehend kommt der Verdacht auf, der frühe Roman sei gegen den Willen Lees veröffentlicht worden. Diese Vermutung weist Lee allerdings selbst als unbegründet zurück. Das Buch wird ebenfalls ein Erfolg und löst eine Kontroverse aus, weil Atticus Finch hier in einem anderen, nicht mehr eindeutig positiven Licht erscheint.	89
2016	Monroeville, Alabama	Harper Lee stirbt – im Schlaf und ohne zu leiden, wie ihr Neffe Hank Connor später mitteilt – am 26. Februar im Alter von 89 Jahren.	89

2.2 Zeitgeschichtlicher Hintergrund

ZUSAMMENFASSUNG

To Kill a Mockingbird spielt während der Zeit der Großen Depression (1929–1941). Durch die wirtschaftliche Not verschärften sich damals viele gesellschaftliche Konflikte. Insbesondere in den weißen Unterschichten flammte der Rassismus wieder auf. Die in zeitgeschichtlicher Hinsicht wichtigste Episode des Romans, in der ein Schwarzer von einer aus Mitgliedern der weißen Landbevölkerung bestehenden Jury wegen der angeblichen Vergewaltigung eines weißen Mädchens zum Tode verurteilt wird, hat Harper Lee in manchen Zügen nach einem Gerichtsfall gestaltet, der zwischen 1931 und 1937 landesweit für Aufsehen gesorgt hatte.

Harper Lees Roman *To Kill a Mockingbird* schildert die **Lebensverhältnisse im Süden der USA während der 1930er Jahre** und spiegelt dabei insbesondere die rassistische, diskriminierende Haltung der weißen Bevölkerung gegenüber den Schwarzen wider. Die zentrale Episode des Romans, das Gerichtsverfahren um die angebliche Vergewaltigung einer weißen Frau durch einen schwarzen Mann, weist darüber hinaus viele Parallelen zu einem wirklichen Fall auf, der nicht nur in Alabama, sondern überall in den Vereinigten Staaten außerordentliches Aufsehen erregte. Diese Zusammenhänge werden in diesem Kapitel in knapper Form geschildert.[1]

Die Große Depression

Die Große Depression, die auf den Börsenkrach des Jahres 1929 folgte und auf Jahre hinaus weite Teile der Bevölkerung mit **Armut**

1 Die Darstellung beruht auf dem Kapitel "Racial Climate in the Deep South" in Johnson, *Threatening Boundaries*, S. 3–12. Dokumentarisches Material enthält das Kapitel "Historical Context: The Scottsboro Trials" in Johnson, *Understanding "To Kill a Mockingbird"*, S. 15–81.

bedrohte, traf die amerikanischen Südstaaten mit ihrer überwiegend ländlichen Struktur besonders hart. Gerade die Gegenden, die vom Baumwollanbau lebten – wie Nelle Harper Lees Geburtsstadt Monroeville, das Vorbild für Scouts Heimatstadt Maycomb im Roman –, litten bittere Not. Während das durchschnittliche Einkommen 1932 nur noch 58 Prozent des Standes von 1929 betrug, kamen die **Baumwollfarmer** auf nicht mehr als 31 Prozent ihres vormaligen Einkommens. Die verzweifelte Unsicherheit der wirtschaftlichen Lage verstärkte die ohnehin tiefsitzenden Vorbehalte der meisten Weißen gegenüber den Schwarzen. Soziale Deklassierung aufgrund der ökonomischen Misere wurde vielfach durch noch rigidere und hochmütigere **Abgrenzung gegenüber der farbigen Bevölkerung** kompensiert. Wo alle bisherigen Sicherheiten der gewohnten Ordnung zu zerbrechen drohten, war man darauf bedacht, dass wenigstens der Status der Schwarzen als Bürger und Menschen zweiter Klasse unverändert blieb.[2] Diese Entschlossenheit, den Farbigen die Anerkennung als gleichwertige Bürger und Menschen vorzuenthalten, kam in aller Hässlichkeit in dem wichtigsten Prozess mit rassistischem Hintergrund jener Jahre zum Ausdruck, dem "Scottsboro trial".

Abstiegsängste der weißen Bevölkerung und Verschärfung rassistischer Einstellungen

Angeklagt waren neun junge Schwarze, die am 25. März 1931 in dem kleinen Ort Paint Rock im Norden Alabamas beim Ausstieg aus einem Güterzug festgenommen worden waren. **Sie wurden beschuldigt, zwei weiße Frauen vergewaltigt zu haben, die mit demselben Zug gereist waren**. Am 6. April wurde in Scottsboro

Der "Scottsboro trial"

---

2 Die Sorge, dass die Armut gewissermaßen alle gleich machen und insofern den Schwarzen helfen könnte, ihren sozialen Status zu verbessern, kommt in Harper Lees Roman in einer Bemerkung von Scouts Lehrerin Miss Gates kurz nach der Verurteilung von Tom Robinson zum Ausdruck. Scout berichtet ihrem Bruder Jem: "Well, coming out of the court-house that night Miss Gates was (…) talking with Miss Stephanie Crawford. I heard her say it's time somebody taught 'em a lesson, they were gettin' way above themselves, an' the next thing they think they can do is marry us." (S. 331)

der Prozess eröffnet, der am 9. April mit **Todesurteilen** gegen acht der neun Angeklagten endete. Die Berufungsverfahren gegen diese Urteile gelangten bis vor das Oberste Gericht (Supreme Court) der USA, das am 7. November 1932 ein neues Verfahren anordnete, weil den Angeklagten während des ersten Prozesses keine angemessene Verteidigung zugestanden worden sei. Ende März 1933 begann der neue Prozess in Decatur, Alabama. Als Verteidiger griff nun der berühmte New Yorker Anwalt Samuel S. Leibowitz in den Fall ein. Auch der neue vorsitzende Richter, James E. Horton, schien entschlossen, für einen fairen Prozess zu sorgen. Dennoch wurde der Beschuldigte Haywood Patterson schon nach wenigen Verhandlungstagen von der Geschworenenjury erneut **zum Tode verurteilt**. Sechs Tage später hob Richter Horton diese Entscheidung in einem spektakulären Schritt wieder auf, mit der Begründung, dass die Beweislage für einen Schuldspruch nicht ausreiche. Er ordnete eine neue Verhandlung an. Nichtsdestotrotz wurde Ende 1933 ein weiterer Beschuldigter, Clarence Norris, für schuldig befunden und zum Tode verurteilt. Er verblieb während des erneuten Berufungsverfahrens im Zellentrakt der Todeskandidaten. Anfang April 1935 kassierte der Supreme Court die beiden Todesurteile, weil in den Prozessen systematisch schwarze Bürger, die als Geschworene infrage gekommen wären, als Jurymitglieder ausgeschlossen worden seien. Der nächste Prozess endete mit einer Gefängnisstrafe von 75 Jahren für Haywood Patterson. 1937 wurden die Anklagen gegen vier der Männer fallen gelassen. Aber erst 1950 wurde der letzte der fälschlich Beschuldigten aus dem Gefängnis entlassen; und erst 1976 wurde Clarence Norris offiziell begnadigt und rehabilitiert.[3]

---

3 Eine ausführliche Darstellung dieses für die Rechtsgeschichte und die Bürgerrechtsbewegung der USA so bedeutsamen Falles findet sich in: Carter. Zudem haben die beiden Hauptopfer ihre Geschichte veröffentlicht, vgl. Patterson sowie Norris.

Atticus Finch (Gregory Peck) verteidigt den angeblichen Vergewaltiger Tom Robinson (Brock Peters) in der Verfilmung von 1962
© ullstein bild – United Archives

Der Prozess gegen Tom Robinson, den Harper Lee in ihrem Roman schildert, weist zahlreiche Parallelen zu dem berühmten "Scottsboro trial" auf:

Lynchmorde in Alabama

1. Wie im Roman versammelten sich auch in Scottsboro vor Prozessbeginn weiße Farmer vor dem Gefängnis, um die angeklagten Schwarzen zu lynchen. In den 1930er Jahren wurden allein in Alabama jedes Jahr im Durchschnitt etwa 20 Lynchmorde dokumentiert, und zwar fast ausschließlich von Weißen an Schwarzen. Die tatsächliche Zahl der Fälle wird höher gewesen sein. Die Täter kamen in vielen Fällen ohne Strafe davon.

Voreingenommene Geschworene

2. Wie im Roman ließ die Zusammensetzung der Jury den Beschuldigten von vornherein **keine Chance auf einen fairen Prozess**. Abgesehen davon, dass Frauen vom Geschworenenamt ausgeschlossen waren, wurden keine Schwarzen zugelassen. Gebildeteren Menschen wurde es leicht gemacht, sich von dieser Verpflichtung entbinden zu lassen. Die Geschworenen waren daher fast ausnahmslos weiße männliche Mitglieder der Landbevölkerung, eine Gruppe, die für ihre besonders rassistische Einstellung bekannt war. Erst als es dem Verteidiger Samuel Leibowitz gelang, diese Front einheitlich voreingenommener Geschworener aufzubrechen, nahmen die Prozesse allmählich eine Wendung, die letztlich zum Freispruch der schwarzen Angeklagten führte.

Die ‚Reinheit' weißer Frauen und die ‚tierische Sexualität' schwarzer Männer

3. Wie im Roman wirkte sich die symbolisch aufgeladene Konstellation, dass sich schwarze Männer **angeblich an weißen Frauen vergangen** hatten, für die Beschuldigten besonders nachteilig aus. Als Weiße und als Frauen galten die Klägerinnen und angeblichen Opfer automatisch als sittsam, schamhaft und schutzbedürftig, während die Angeklagten von vornherein eines tierischen Sexualtriebs und fehlender moralischer Barrieren verdächtigt wurden. Dass eine der beiden Klägerinnen, Victoria Price, als Prostituierte bekannt war, hinderte nicht, dass sie während der Prozesse zu einem **Symbol des moralisch intakten alten Südens** stilisiert wurde. In den Prozessen, die im Winter 1933 auf 1934 geführt wurden, untersagte der Vorsitzende Richter William W. Callahan die Vernehmung der Ärzte, die Victoria Price nach der angeblichen Vergewaltigung medizinisch untersucht und dabei festgestellt hatten, dass sie in der fraglichen Zeit keinen Geschlechtsverkehr gehabt hatte. Im Roman taucht dieser entscheidende Vorgang in abgewandelter Form auf: Niemand (weder der Vater des angeblichen Opfers noch der Sheriff) ist auf die Idee gekommen, Mayella Ewell ärztlich untersuchen zu lassen. Wie Mayella Ewell war Victoria Price selbst ein Opfer

der Gesellschaft, der familiären und sozialen Umstände, unter denen sie aufgewachsen war, und verdiente insofern Mitleid (das im Roman Scout und ihr Vater sowie der zu Unrecht Angeklagte Tom Robinson Mayella entgegenbringen). Dass Victoria Price (ebenso wie die Romanfigur) jedoch nicht zögerte, den Tod unschuldiger Menschen durch eine falsche Anklage zu verantworten, ist zugleich so verabscheuungswürdig, dass es nicht möglich ist, diese Haltung mit Hinweis auf ihr eigenes Schicksal zu entschuldigen.

Ängstliches Misstrauen und Aggressivität der Ungebildeten gegenüber den Gebildeten

4. Wie im Roman Mayella Ewell (gegenüber Atticus Finch) bewies Victoria Price eine fast dämonische **Furcht** vor dem ihr gesellschaftlich und intellektuell weit überlegenen New Yorker Strafverteidiger Samuel Leibowitz: "Mrs. Price looked at Leibowitz with such venom that one reporter thought for a moment she was going to strike her tormentor."[4] Dieser angstgetriebene Hass bezeugt die unüberbrückbare Kluft zwischen den gesellschaftlichen Gruppen. Die Furcht, als Lügnerin entlarvt zu werden, mischt sich hier mit einem **unüberwindlichen Misstrauen des deklassierten Menschen gegenüber dem Repräsentanten der herrschenden Gesellschaftsklasse**. Kennzeichnend hierfür ist die von einem Gerichtsreporter bemerkte Reaktion der Klägerin auf die Höflichkeit, mit der Samuel Leibowitz sich an sie wandte: "[She] looked at her interrogator as though he were a poisonous snake circling her chair"[5]. In vergleichbarer Weise ist Mayella Ewell im Roman davon überzeugt, dass Atticus Finch sich nur über sie lustig machen möchte, als er sie höflich anredet (vgl. S. 243 f.). – Sehr zur Verwunderung der Anwesenden im Gerichtssaal bat Leibowitz darum, seine Mandanten mit "Mister" anzureden. Dass die respektvolle Behandlung auch schwarzer Beschuldigter im Süden unüblich war, kommt im

---

4 Carter, S. 212. Zitiert nach: Dunst, *Threatening Boundaries*, S. 9.
5 Ebd., S. 205. Zitiert nach: Dunst, *Threatening Boundaries*, S. 10.

Roman zum Ausdruck, wenn der Staatsanwalt Mr Gilmer Tom Robinson wiederholt mit "boy" anspricht – was eine abfällige Anrede für einen schwarzen Dienstboten war –, ihn von oben herab und mit Sarkasmus behandelt und, nachdem er ihn in die Enge zu treiben versucht hat, auf eine ihm nicht genehme Antwort des Angeklagten erwidert: "'Are you being impudent to me, boy?'" (S. 265)

Die Schaulust der ‚unbeteiligten' Bevölkerung

5. Wie im Roman wohnten dem Prozess in Scottsboro Massen von Schaulustigen bei, die in krassem Missverhältnis zu dem ernsten Anlass eine Art von **Volksfeststimmung** verbreiteten. Die Historikerin Virginia Hamilton schrieb: "Poor-white farmers in faded overalls and women with babies on their hips jostled for seats in the courtroom or surged about the square awaiting what to them was the only conceivable verdict."[6]

Appelle an den Gerechtigkeitssinn der Geschworenen

6. Die Ansprache an die Jury, in die das abschließende Plädoyer von Atticus Finch mündet (vgl. S. 273–275), gleicht in ihren Kernaussagen der Ansprache von Richter Horton im zweiten Prozess gegen die neun jungen Farbigen im Jahre 1933, in der er eigens darauf hinwies, dass vor dem Gesetz alle Menschen gleich seien: "(…) under our law when it comes to the courts (…) we know neither black nor white (…)."[7]

Anfeindungen gegenüber dem Pflichtverteidiger

7. Wie im Roman wurde einer der Verteidiger der neun Schwarzen im ersten Prozess in Scottsboro scharf angegriffen, weil er sich auch über den verlorenen Prozess hinaus für die Rechte der Farbigen engagierte. Wie Harper Lees Romanfigur Atticus Finch wurde ihm verübelt, dass er über das Ziel hinausschieße, indem er die unumgängliche berufliche Pflicht zu einem persönlichen Anliegen mache.

---

6 Hamilton, S. 89. Zitiert nach: Dunst, *Threatening Boundaries*, S. 9.

7 Carter, S. 202, zitiert nach: Johnson, *Threatening Boundaries*, S. 10. Vgl. auch Johnson: *Understanding "To Kill a Mockingbird"*, S. 31 f.

8. Wie im Roman wurde einer der Beschuldigten von einem Wachmann niedergeschossen, als er einen Fluchtversuch unternahm.

Tödlich endender Fluchtversuch

Diese Parallelen zeigen, wie stark der gleichwohl erfundene Gerichtsfall, der die zentrale Episode von *To Kill a Mockingbird* bildet, **in den tatsächlichen Verhältnissen der Jahre, in denen der Roman spielt, wurzelt**. In dieser Wirklichkeitsnähe liegt ein wichtiger Grund für den außerordentlichen Eindruck, den der Roman gleich nach seinem Erscheinen im Jahre 1960 hervorrief, und für den überwältigenden Erfolg, der ihm bis heute beschieden ist.

Wirklichkeitsnähe als Grund für den Erfolg des Romans

2.3 Angaben und Erläuterungen zu wesentlichen Werken

ZUSAMMEN-FASSUNG

Harper Lee hat zwei Romane geschrieben. Der eine, *To Kill a Mockingbird*, erschien 1960 und wurde ein Welterfolg. Der andere, *Go Set a Watchman*, blieb lange unveröffentlicht und erblickte erst 2015, ein Jahr vor Lees Tod, das Licht der Öffentlichkeit. Beide Werke beleuchten die kleine Welt einer Provinzstadt im amerikanischen Süden – für die Lees Heimatstadt Monroeville Modell gestanden hat – in den 1930er bzw. 1950er Jahren. In beiden Werken wird der alltägliche Rassismus der weißen Bevölkerung gegenüber den Schwarzen zum Prüfstein von Anstand und Moral. Die Hauptfigur beider Romane ist ein Alter Ego der Autorin. Während die Protagonistin in *To Kill a Mockingbird* mit der Ich-Erzählerin identisch ist, wird in *Go Set a Watchman* in der dritten Person erzählt.

Lange Zeit Autorin eines einzigen Werkes

To Kill a Mockingbird war lange Harper Lees einziges der Öffentlichkeit bekanntes Werk. Bei ihren anderen, ohnehin nicht zahlreichen Veröffentlichungen handelte es sich um kleinere Gelegenheitsarbeiten. So hat sie während ihrer Studienzeit **Artikel für Studentenzeitschriften** geschrieben und etwa ein Jahr lang auch eine humoristische Zeitschrift, den *Rammer-Jammer*, redigiert; dort veröffentlichte sie unter anderem einen Einakter, in dem ein Südstaaten-Politiker bloßgestellt wird, der den Verfall der Sitten beklagt und es als Sünde bezeichnet “to tear down all barriers of any kind between ourselves and our colored friends”.[8] In einem

8 Ausgabe vom Oktober 1946. Zitiert nach: Johnson, *Threatening Boundaries*, S. XII.

Some Writers of Our Times – A Very Informal Essay überschriebenen Beitrag beschreibt sie in satirischer Absicht die stereotypen Elemente, die ein ehrgeiziger junger Autor zu berücksichtigen nicht versäumen sollte, wenn er einen großen Erfolg landen wolle: Dazu gehören ein sadistischer Vater, eine alkoholabhängige Mutter und blutige Unruhen, die im Gemüt des sensiblen Helden einen tiefen schmerzlichen Eindruck hinterlassen. "And he certainly must not omit his reflections upon the way justice is so casually administered by the crooked judge in the broken down courthouse."[9]

Frühe kleinere Veröffentlichungen

Auch nach dem Erscheinen von *To Kill a Mockingbird* hat Lee noch **einige kleinere Texte** veröffentlicht, so den Beitrag *Love – In Other Words* in der Zeitschrift *Vogue*[10]. Überdies hat sie zusammen mit ihrem Freund aus Kindheitstagen Truman Capote den Stoff recherchiert und zusammengestellt, aus dem Capote dann seinen überaus erfolgreichen dokumentarischen Roman *In Cold Blood* (1966) gemacht hat. Sie hat sich auch weiterhin für Kriminalfälle interessiert und deren genaue Umstände in der Absicht recherchiert, sie literarisch darzustellen. Solche Projekte sind aber im Entwurfsstadium stecken geblieben. Auch arbeitete sie eine Weile lang an einem weiteren Roman, wie der Journalist Joseph Deitch schon im Herbst 1961 zu berichten wusste:

Zusammenarbeit mit Truman Capote

> "Miss Lee is working on a second novel. Her day starts at noon – she sleeps late – and she writes until early evening. It takes her that long to write about a page. Before quitting, she types a final clean copy, 'picking out the nut from the shell' as she types."[11]

---

9 Zitiert nach: Bloom, *Bloom's Notes*, S. 35.

10 Ausgabe vom 15. April 1961, S. 64 f.

11 Joseph Deitch: Harper Lee: Novelist of South. In: Christian Science Monitor, 3. Oktober 1961, S. 6. Zitiert nach: Bloom, *Bloom's Notes*, S. 34.

Die späte Veröffentlichung des frühen, ersten Romans

Als die Arbeit an diesem Roman scheiterte, gab Harper Lee mit der ihr eigenen Konsequenz das Schreiben auf und begnügte sich damit, die Autorin eines einzigen – und, wie sich zeigte, phänomenal erfolgreichen – Werkes zu bleiben. Dabei wäre es wohl auch geblieben, wenn nicht ihre Freundin und Anwältin Tonja Carter, wie bereits erwähnt, 2015 in einem Bankschließfach das Manuskript eines vollständigen zweiten Romans von Harper Lee aufgefunden hätte, der bereits vor *To Kill a Mockingbird* entstanden war, für den Lee aber seinerzeit keinen Verlag gefunden hatte. So wurde Harper Lee kurz vor ihrem Tode zu einer Autorin, deren veröffentlichtes Werk zwei Romane umfasst. Da dieser 2015 erschienene zweite Roman, *Go Set a Watchman*, thematisch eng mit *To Kill a Mockingbird* verknüpft ist, wird er an dieser Stelle ausführlicher vorgestellt.

Go Set a Watchman

Der Titel von *Go Set a Watchman* ist ein Bibelzitat. Als Jean Louise Finch, die Hauptfigur des in der dritten Person erzählten Romans, im 7. Kapitel mit ihrem Onkel Jack – dem Arzt Dr. Finch und zehn Jahre jüngeren Bruder ihres Vaters – den Gottesdienst in der “Maycomb Methodist Church” (S. 94) besucht, predigt ein junger Mann namens Mr. Stone, den ihr Onkel als “the greatest talent for dullness he had ever seen” (S. 95) bezeichnet, über die Worte des Propheten Jesaja (Kapitel 21, Vers 6): *“For thus hath the Lord said unto me, / Go, set a watchman, let him declare what he seeth.”* (S. 95) Diese Worte greift Dr. Finch im 18., vorletzten Kapitel auf, nachdem Jean Louise zu ihrem Entsetzen entdeckt hat, dass die Haltung ihres Vaters in der Rassenfrage nicht so vollkommen mit ihren eigenen egalitären Idealen übereinstimmt, wie sie immer vorausgesetzt hat, woraufhin sie sich in einer heftigen Gefühlsaufwallung mit starken Worten von ihm losgesagt hat.

Die Vergötterung des Vaters durch seine Tochter

> "Dr. Finch stretched out his legs. 'It's rather complicated,' he said, 'and I don't want you to fall into the tiresome error of being conceited about your complexes – you'd bore us for the rest of our lives with that, so we'll keep away from it. Every man's island, Jean Louise, every man's watchman, is his conscience. There is no such thing as a collective conscious. (...) ... now you, Miss, born with your own conscience, somewhere along the line fastened it like a barnacle onto your fathers's. As you grew up, when you were grown, totally unknown to yourself, you confused your father with God. You never saw him as a man with a man's heart, and a man's failings – I'll grant you it may have been hard to see, he makes so few mistakes, but he makes 'em like all of us. (...) When you happened along and saw him doing something that seemed to you to be the very antithesis of his conscience – your conscience – you literally could not stand it. It made you physically ill. (...) We wondered, sometimes, when your conscience and his would part company, and over what.' Dr. Finch smiled. 'Well, we know now. I'm just thankful I was around when the ructions started. Atticus couldn't talk to you the way I'm talking –' / 'Why not, sir?' / 'You wouldn't have listened to him. You couldn't have listened. Our gods are remote from us, Jean Louise. They must never descend to human level.' / 'Is that why he didn't – didn't lam into me? Is that why he didn't even try to defend himself?' / 'He was letting you break your icons one by one. He was letting you reduce him to the status of a human being.'" (S. 264–266)

Geschichte einer schmerzvollen verspäteten Emanzipation

So ist Harper Lees lange unveröffentlicht gebliebener Roman *Go Set a Watchman* vor allem die Geschichte der schmerzvollen späten Emanzipation einer erwachsenen Tochter von ihrem Vater, der bis dahin ihr moralischer Leitstern gewesen ist. Diese desillusionierende Erfahrung wird flankiert von der Erkenntnis, dass auch die ehemalige schwarze Haushälterin Calpurnia – die in *To Kill a Mockingbird* eine wichtige Bezugsperson Jean Louises (Scouts) und ihres Bruders Jem und neben Atticus auch ihre Erzieherin ist – sich nun entzieht und zu einer Fremden geworden ist (vgl. Kapitel 12).

Henry (Hank) Clinton und Tante Alexandra

Dies ist die innere Handlung des Buches. Die äußere Handlung umfasst den alljährlichen Besuch, den die nun 26-jährige (vgl. S. 34) Jean Louise Finch, die seit einigen Jahren in New York lebt, ihrer Familie in Maycomb abstattet. Am Bahnhof wird sie von Henry Clinton abgeholt, "her lifelong friend, her brother's comrade, and if he kept on kissing her like that, her husband. Love whom you will but marry your own kind was a dictum amounting to instinct within her. Henry Clinton was Jean Louise's own kind, and now she did not consider the dictum particularly harsh." (S. 9) Tante Alexandra, die von ihrem Bruder so unterschiedliche Schwester von Jean Louises Vater – "Alexandra was the last of her kind: she had riverboat, boarding-school manners; let any moral come along and she would uphold it; she was a disapprover; she was an incurable gossip" (S. 28) –, hat über solche Zukunftspläne – wie unentschlossen und letztlich nur halb interessiert auch immer sie von Jean Louise verfolgt werden – ganz andere Ansichten: "'Jean Louise, there's no finer boy in this country than Henry Clinton. He would make some girl a lovely husband, but –' / 'But you're just saying that a Clinton's not good enough for a Finch. Aunty hon-ey, that sort of thing went out with the French Revolution, or began with it, I forget which.'" (S. 34 f.) Doch Tante Alexandra lässt sich von solchen leichtfertigen Bemerkungen nicht beeindrucken:

> "'Jean Louise,' she said, 'I would like to remind you of a few facts of life. (…) there are a few things you in your wisecracking way don't know, and bless goodness I'm going to tell you. You are as

> innocent as a new-laid egg for all your city living. Henry is not and never will be suitable for you. We Finches do not marry the children of rednecked white trash, which is exactly what Henry's parents were when they were born and were all their lives. You can't call them anything better. The only reason Henry's like he is now is because your father took him in hand when he was a boy, and because the war came along and paid for his education. Fine boy as he is, the trash won't wash out of him.'" (S. 36 f.)

"We Finches do not marry the children of rednecked white trash".

Atticus Finch hat sich des begabten und ehrgeizigen Jungen angenommen, der Jura studiert hat und inzwischen in der Kanzlei eine wertvolle Hilfe und ein potenzieller Nachfolger ist. Er hat sogar politische Ambitionen und schickt sich also an, auch in diesem Feld in die Fußstapfen seines Förderers zu treten. Atticus steht entsprechend Henrys Heiratswünschen wohlwollend gegenüber, aber Alexandra missbilligt sie aus ganzem Herzen.

Familienkonstellation und Zeitpunkt der Handlung in *Go Set a Watchman*

Was die sonstigen Umstände der engeren Familie angeht, die der Leser bereits aus *To Kill a Mockingbird* kennt, so ist Jean Louises Mutter schon lange tot. Sie ist mit 33 Jahren, schon vor der Zeit, in der *To Kill a Mockingbird* spielt, von einem Moment auf den anderen aufgrund einer angeborenen Herzschwäche gestorben. Atticus ist damals 48 Jahre alt gewesen, Jean Louises Bruder Jem sechs und Jean Louise zwei. 22 Jahre später ist Jem, der in *To Kill a Mockingbird* eine so wichtige Rolle spielt und der, wie man nun erfährt, die Herzschwäche der Muter geerbt hat, im Alter von 28 Jahren gestorben (vgl. S. 115). Das ist zum Zeitpunkt der Romanhandlung zwei Jahre her (vgl. S. 31). Entgegen den Hoffnungen und Erwartungen ihrer Angehörigen und der Bekannten der Familie ist Jean Louise auch nach diesem Schicksalsschlag nach New York zurückgekehrt, anstatt zu Hause zu bleiben und sich um ihren alternden Vater zu kümmern. Als sich bei ihm eine schwere Arthritis entwickelt, die vor allem den Gebrauch seiner Hände erschwert, und Calpurnia sich aus Altersgründen zur Ruhe setzt, zieht Alexandra, die mit ihrem Ehemann seit langer Zeit kein gemeinsames Leben mehr führt, bei ihrem Bruder ein, um ihn im täglichen Leben zu unterstützen, wofür Jean Louise ihr außerordentlich dankbar ist.

Die neuerliche Begegnung mit den Schauplätzen ihrer Kindheit ruft in Jean Louise Erinnerungen an Jem und auch an Dill, den Spielgefährten der Sommerferien in *To Kill a Mockingbird*, herauf, die aber in *Go Set a Watchman* keinen sehr breiten Raum einnehmen.

Am ersten Sonntag ihres Aufenthalts entdeckt Jean Louise, nachdem ihr Vater und Hank Clinton zu einer politischen Versammlung im Gerichtsgebäude aufgebrochen sind, im Wohnzimmer "a pamphlet the size of a business envelope", auf dessen Titelblatt sich eine Zeichnung "of an anthropophagous Negro" befindet. Der Titel des Pamphlets lautet: *"The Black Plague"* (S. 101). Angeekelt fragt sie ihre Tante, was das sei, und diese antwortet gelassen: irgendetwas von ihrem Vater. Als Jean Louise die Kampfschrift in den Mülleimer wirft, schreitet Alexandra allerdings ein. Das solle sie lieber lassen, diese Schriften seien heutzutage schwer zu bekommen. Jean Louise dringt weiter in ihre Tante, erhält bereitwillig Auskunft und macht sich dann auf den Weg ins Gerichtsgebäude, um sich selbst einen Eindruck zu verschaffen, was ihr Vater und ihr Freund dort verloren haben. Im Gericht bietet sich ihr vom Balkon der Farbigen aus, wo sie ihren gewohnten Platz "in the corner of the front row" einnimmt, ein erschreckendes Schauspiel. "Below her, on rough benches, sat not only most of the trash in Maycomb County, but the county's most respectable men." (S. 105) Diese irritierend gemischte Versammlung, in der ihr Vater den Vorsitz führt, ist zusammengekommen, um den Ausführungen eines fanatischen Hetzpredigers zu folgen. Krank vor Scham und Empörung wohnt Jean Louise diesem Schauspiel bei. Dabei steigen in ihr Erinnerun-

Rassistische Hetze im Gerichtsgebäude von Maycomb

gen an eine ganz andere Episode in eben diesem Gerichtssaal auf, die sie tief geprägt haben:

Zwei unterschiedliche Versionen des Vergewaltigungsprozesses

> "(…) the courtroom shifted imperceptibly, in it she looked down on the same heads. When she looked across the room a jury sat in the box, Judge Taylor was on the bench, (…) her father was on his feet: he had risen from a table at which she could see the back of a kinky woolly head … / Atticus Finch rarely took a criminal case; he had no taste for criminal law. The only reason he took this one was because he knew his client to be innocent of the charge, and he could not for the life of him let the black boy go to prison because of a half-hearted, court-appointed defense. The boy had come to him by way of Calpurnia, told him his story, and had told him the truth. The truth was ugly. / Atticus took his career in his hands, made good use of a careless indictment, took his stand before a jury, and accomplished what was never before or afterwards done in Maycomb County: he won an acquittal for a colored boy on a rape charge. The chief witness for the prosecution was a white girl." (S. 108 f.)

Anders als in *To Kill a Mockingbird*, wo diese Episode das Zentrum der Romanhandlung bildet, ist das Mädchen erst 14 Jahre alt, und anders als dort hat der Angeklagte nicht nur einen durch einen Unfall verkrüppelten, unbrauchbaren Arm, sondern dieser eine Arm fehlt ihm ganz; er hat ihn bei einem Unfall im Sägewerk verloren.

> "Atticus pursued the case to its conclusion with every spark of his ability and with an instinctive distaste so bitter only his knowledge that he could live peacefully with himself was able to wash it away. (…) He never knew two pairs of eyes like his own were watching him from the balcony." (S. 109 f.)

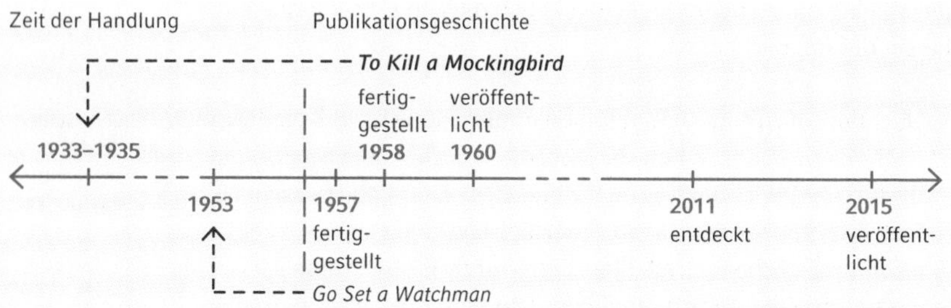

Versöhnung mit Atticus, Bruch mit Hank Clinton

In *To Kill a Mockingbird* wird Tom Robinson, der dort ein junger Familienvater ist, trotzdem Atticus seine Unschuld klar nachweist, zum Tode verurteilt. Verzweifelt und ohne Vertrauen in den Ausgang des Berufungsverfahrens begeht er einen Fluchtversuch und wird dabei erschossen. Atticus und seine Familie werden wegen seiner Haltung zeitweise gemieden, angefeindet und sogar bedroht. In *Go Set a Watchman* hat Atticus seinerzeit den Freispruch, mit dem niemand rechnen konnte, erreicht. Nun aber, knapp zwei Jahrzehnte später, macht er sich mit seinen Mitbürgern, die dumpfen Rassenvorurteilen anhängen, gemein. Er sieht, wie Jean Louise nun erfährt, die gesellschaftliche und politische Emanzipation der Schwarzen eher kritisch, betrachtet sie zumindest mit zwiespältigen Gefühlen und hält die bedingungslos egalitäre Einstellung seiner Tochter für naiv und nicht zu Ende gedacht. Diese Meinungsverschiedenheiten bleiben bestehen. Doch die Liebe zu ihrem Vater bringt Jean Louise schließlich dazu, diesen Dissens zu akzeptieren und auszuhalten. Ihre Liebe zu Henry (Hank) Clinton hingegen reicht für eine solche Lösung nicht aus (vgl. Kapitel 16). Sie erkennt, dass er nicht der richtige Mann für sie ist.

3. TEXTANALYSE UND -INTERPRETATION

3.1 Entstehung und Quellen

ZUSAMMENFASSUNG

- → Über die Entstehung von *To Kill a Mockingbird* gibt es kaum Informationen.
- → Der Roman basiert vor allem auf Kindheitserlebnissen der Autorin und Berichten über den "Scottsboro trial".
- → Die Figur des Dill ist ein Porträt des jungen Truman Capote.

Langwieriger Entstehungsprozess

Da Harper Lee mit persönlichen Auskünften sehr zurückhaltend war, ist über Entstehung und Quellen ihres Romans nur wenig bekannt. Das Buch entstand in einer **ersten Fassung** vor 1958. Diese wurde auf die Einwände verschiedener Mitarbeiter des Verlagshauses J. B. Lippincott und insbesondere auf die Anregungen von Lees Lektorin Tay Hohoff hin für die Veröffentlichung im Jahre 1960 **noch einmal gründlich umgearbeitet** (vgl. Kapitel 3.3 dieser Erläuterung). Im Spätherbst 1959 war das Buch dann abgeschlossen.

Kindheitserinnerungen und Prozessberichte

Die Hauptquellen des Romans sind sicherlich eigene Kindheitserinnerungen sowie die Berichte über den "Scottsboro trial" und seine Nachfolgeprozesse (vgl. Kapitel 2.2 dieser Erläuterung). Für die Figur des Atticus Finch hat zweifellos **Lees eigener Vater Amasa Coleman Lee** Modell gestanden. Scout scheint zudem viel Ähnlichkeit mit der Autorin zur Zeit ihrer Kindheit zu haben. Nicht von ungefähr ist Scout in den Jahren 1933 bis 1935, in denen der Roman spielt, fast genauso alt wie seinerzeit die 1926 geborene Nelle Harper Lee. Dill kann als **Porträt des frühen Spielgefährten Truman**

Capote angesehen werden.[12] Capote selbst hat im Juni 1960 an David O. Selznik und Jennifer Jones geschrieben, am 11. Juli komme bei Lippincott ein köstlicher Roman von Harper Lee heraus, den sie sich unbedingt besorgen müssten und der sicher ein großer Erfolg werde. Die Figur des Dill in diesem Roman sei er – denn die Autorin sei eine Jugendfreundin von ihm.[13] Inwiefern weitere Figuren des Romans auf konkreten Modellen beruhen, lässt sich nicht mehr feststellen. Die Handlung des Buches ist, wenigstens zu weiten Teilen, erfunden. Sie beruht jedoch so stark auf persönlichen Erfahrungen und tatsächlichen Ereignissen, dass der Roman aufgrund seines offenkundigen Wahrheitsgehaltes bis heute unzählige Menschen angesprochen und berührt hat.

Truman Capote über die Figur des Dill

---

12 Die Figur der jungenhaften Idabel in Capotes 1948 veröffentlichtem ersten Roman *Other Voices, Other Rooms* ist hingegen in vielen Zügen Nelle Harper Lee nachgebildet.

13 Zitiert nach: Lavizzari, S. 90 f.

3.2 Inhaltsangabe

ZUSAMMEN-FASSUNG

Der Roman handelt von prägenden Kindheitserlebnissen der Ich-Erzählerin und Hauptfigur Jean Louise Finch, genannt Scout, während ihrer Grundschulzeit. Sie wächst in den 1930er Jahren während der Großen Depression in einer Kleinstadt in Alabama auf, in der jeder jeden kennt. Im ersten Teil des Romans kreisen ihre Gedanken – sowie die ihres vier Jahre älteren Bruders Jem und ihres Freundes Dill, der immer die Sommerferien in Maycomb verbringt – um den geheimnisvollen Arthur Radley, genannt Boo, der in der Nachbarschaft lebt und von seinen Angehörigen aufgrund lange zurückliegender Jugendverfehlungen unter Verschluss gehalten wird. Niemand bekommt ihn zu sehen, was die Fantasie der Kinder anregt und sie verschiedene Versuche unternehmen lässt, Kontakt mit ihm aufzunehmen – sehr zum Missfallen von Scouts Vater Atticus, einem Rechtsanwalt und überaus integeren Menschen, der seinen Kindern sagt, sie sollten Arthur Radley in Ruhe lassen. Außerdem wird Scout im ersten Teil eingeschult, aber die Schule erweist sich als Enttäuschung. Im Zentrum des zweiten Teils des Romans steht ein Gerichtsprozess, in dem Atticus einen jungen schwarzen Familienvater verteidigt, der zu Unrecht angeklagt wird, ein weißes Mädchen vergewaltigt zu haben. Alle Umstände sprechen für seine Unschuld; dennoch wird er verurteilt. Aus Hoffnungslosigkeit und Verzweiflung begeht er vor der Wiederaufnahme des Verfahrens einen Fluchtversuch, bei dem er erschossen wird. Atticus wird von vielen Mitbürgern angefeindet, weil er die Verteidigung des Schwarzen übernommen hat, und auch seine Kinder haben unter dieser Situation innerlich und äußerlich zu leiden. Am Ende des Romans werden diese beiden Haupthandlungsstränge zusammengeführt: Scout und Jem werden in der Dunkelheit, auf dem Heimweg von einem Schulfest, auf heimtückische Weise und in mörderischer Absicht von Bob Ewell, dem Vater des angeblichen Vergewaltigungsopfers, der sich durch Atticus vor Gericht bloßgestellt gefühlt hat und ihn seither mit tiefem Hass verfolgt, angegriffen. Jem wird verletzt. Dass nicht noch Schlimmeres passiert, verdanken sie einem unerwarteten Retter, der, wie sich zeigt, fürsorglich über ihre Wege gewacht hat. Es ist Boo Radley, der das Interesse der Kinder an seiner geheimnisumwitterten Person, wie schon früher deutlich geworden war, durchaus nicht als Beleidigung empfunden, sondern sich darüber gefreut und es erwidert hat.

Erster Teil

Kapitel 1: Scouts und Jems Freundschaft mit Dill; Arthur (Boo) Radleys Geschichte (S. 3–19)

Der Erzählanlass

Die Icherzählerin Jean Louise Finch, genannt Scout, eröffnet ihre Geschichte mit dem Hinweis auf den (vordergründigen) Erzählanlass: Ihr vier Jahre älterer Bruder Jem hat sich im Alter von fast 13 Jahren einen komplizierten Bruch des linken Arms zugezogen. Scout erzählt, wie es dazu gekommen ist.

Die Vorgeschichte der Familie Finch und des Schauplatzes Maycomb

Die Gründe reichen weit zurück, wenn man will sogar bis zu dem Zeitpunkt, an dem es einen Vorfahren der beiden Kinder von England in den amerikanischen Süden verschlagen hat. In der Gegend von Maycomb, einer kleinen Stadt in Alabama, gehören die Finchs in den 1930er Jahren, dem Zeitpunkt der Handlung, zu den alteingesessenen Familien. Sie bewirtschafteten seit Generationen eine Baumwollfarm, Finch's Landing, bis Scouts Vater und Onkel mit der Familientradition brechen und freie Berufe ergreifen: Atticus Finch wird Anwalt, sein zehn Jahre jüngerer Bruder Jack Arzt. Atticus lässt sich als Anwalt in Maycomb nieder, wo Jem und Scout ihre Kindheit verbringen. Ihre Mutter ist an einem Herzanfall gestorben, als Scout erst zwei Jahre alt war. Den Haushalt führt Calpurnia, eine Schwarze.

Der Sommer vor Scouts Einschulung – Dill

Die eigentliche Handlung des Romans setzt im Sommer vor Scouts Einschulung ein, als Scout fast sechs Jahre alt ist und Jem fast zehn. In diesem Sommer freunden sich die Geschwister mit dem knapp siebenjährigen Dill an, der die Ferien bei seiner Tante Miss Rachel Haverford verbringt. Dill ist ein komischer Kauz, sein Kopf ist voller exzentrischer Pläne und wunderlicher Phantasien. Als Jem ihn darüber aufklärt, dass das Haus der Radleys, nur drei Häuser von dem Haus der Finchs entfernt, einen bösartigen Geist beherbergt, ist er sofort fasziniert. Er möchte das Gespenst unbedingt aus dem Haus locken.

Arthur "Boo" Radley – das Gespenst

Bei dem sogenannten Gespenst handelt es sich um Arthur "Boo" Radley, den jüngeren Sohn der alten Radleys, strenggläubiger Baptisten, die schon immer äußerst zurückgezogen gelebt haben. Lange vor Scouts Geburt ist Arthur als Teenager in schlechte Gesellschaft geraten. Seine Freunde und er haben öffentliches Ärgernis erregt, ohne dabei viel Schlimmes anzustellen. Um sie auf den Pfad der Tugend zurückzuführen, wurden sie in die staatliche Besserungsanstalt eingewiesen, wo Arthurs Freunde in den Genuss einer ausgezeichneten Ausbildung kamen. Arthurs Vater betrachtete diese Maßnahme jedoch als so entehrend, dass er verlangte, man solle Arthur bei ihm belassen. Da er garantierte, dass sein Sohn keinen Ärger mehr machen würde, wurde ihm das zugestanden. Daraufhin verschwand Arthur jahrelang von der Bildfläche, bis er eines Tages, nun schon 33-jährig, seinem Vater eine Schere ins Bein stieß. Den Vorschlag, seinen Sohn in eine Irrenanstalt einzuweisen, lehnte Mr Radley entschieden ab, sah aber ein, dass sein Sohn eingesperrt werden müsse. Da dieser aber kein Verbrecher sei, wurde der Kompromiss gefunden, ihn im Keller des Rathauses gefangenzuhalten. Irgendwann später wurde Mr Radley dann vom Stadtrat aufgefordert, seinen Sohn wieder zurückzunehmen. Das geschah. Seither war Arthur Radley wieder in seinem Elternhaus und blieb dort unsichtbar. Um seine Existenz begannen sich Legenden zu ranken. Der eigensinnige Mr Radley starb, und sein älterer Sohn kehrte aus Pensacola zurück und nahm seinen Platz ein.

Die erste Mutprobe

Dill fordert Jem heraus: Er soll an die Haustür der Radleys klopfen. Jem zögert. Schließlich verringert Dill den Einsatz: Jem soll lediglich das Haus berühren. Jem geht das Wagnis ein. Nichts passiert, nachdem die Mutprobe bestanden ist. Nur ein Fensterladen scheint sich für einen kleinen Moment bewegt zu haben.

Kapitel 2: Der Vormittag von Scouts erstem Schultag (S. 20–29)

Scouts Konflikt mit der Lehrerin Miss Caroline

Bald nachdem Dill für dieses Jahr wieder abgereist ist, erlebt Scout ihren ersten Schultag, auf den sie schon lange hingefiebert hat. Er gerät jedoch zu einem Desaster. Scout wird von Miss Caroline, der jungen, unerfahrenen Lehrerin, die noch dazu neu in der Stadt ist und den hiesigen Verhältnissen entsprechend ahnungslos gegenübersteht, scharf getadelt, weil sie bereits lesen und schreiben kann. Ihr Vater solle sofort aufhören, sie auf eigene Faust zu unterrichten. Als sich herausstellt, dass Walter Cunningham kein Pausenbrot dabei hat und dass er von Miss Caroline kein Geld annehmen wird, um sich etwas zu kaufen – weil seine Familie so arm ist, dass er die wenigen Cent nicht wird zurückzahlen können (was er aber aus Scham verschweigt) –, klärt Scout die Lehrerin über die Gründe seiner stummen Weigerung auf. Dafür erhält sie

Schläge mit dem Lineal auf die flache Hand und muss in der Ecke stehen.

Kapitel 3: Der Rest von Scouts erstem Schultag (S. 30–42)

Walter Cunningham

Empört über diese ungerechte Behandlung, fällt Scout in der Pause auf dem Schulhof über Walter Cunningham her, ohne den sie nicht bestraft worden wäre. Jem geht dazwischen und lädt Walter zur Wiedergutmachung zum Mittagessen ein. Dort unterhält sich dieser mit Atticus Finch sachverständig über landwirtschaftliche Fragen, begießt aber seinen ganzen Teller mit Sirup, was Scout taktlos kommentiert. Daraufhin wird sie von Calpurnia in die Küche zitiert und scharf ermahnt. Scout muss ihre Mahlzeit in der Küche beenden.

Während des Nachmittagsunterrichts entdeckt Miss Caroline zu ihrem Entsetzen eine Laus in den Haaren von Burris Ewell, einem schmuddeligen, aufsässigen Jungen, der wie seine Geschwister und Cousins jedes Jahr nur am ersten Schultag auftaucht, um seiner Schulpflicht Genüge zu tun. Die Behörden haben längst eingesehen, dass es nicht in ihrer Macht steht, die verwahrloste Familie zu ändern. Die Kinder der Klasse bemühen sich, ihre trostbedürftige Lehrerin wieder aufzurichten.

Rekapitulation des ersten Schultags mit Atticus

Am Abend versöhnen sich Scout und Calpurnia, und Atticus fragt seine Tochter über ihren ersten Schultag aus. Er rät ihr, versuchsweise in die Haut von Miss Caroline zu schlüpfen, um sie besser zu verstehen. Ihren Wunsch, nicht mehr zur Schule gehen zu müssen, schlägt er ab. Die Ausnahmen, die für die Ewells gemacht werden, gelten nicht für ein Mädchen wie Scout. Aber ihre gemeinsamen abendlichen Lesestunden können sie fortsetzen, auch wenn Miss Caroline lieber nichts davon erfahren solle.

Kapitel 4: Unerwartete Geschenke und neue Anläufe, sich Boo Radley zu nähern (S. 43–54)

Das Astloch vor dem Grundstück der Radleys

Nach wie vor hadert Scout mit ihrem Schicksal, sich zwölf Jahre lang auf der Schule langweilen zu sollen. Auf dem Heimweg von der Schule entdeckt sie eines Nachmittags in einem Astloch einer der beiden Eichen, die vor dem Grundstück der Radleys stehen, ein unbenutztes Kaugummi. Uneingedenk der Warnung, dass alles, was sich auch nur in der Nähe des Radley-Hauses befindet, todbringend sein kann, lässt sie sich das Kaugummi schmecken, wofür sie später von Jem heftig ausgescholten wird.

Dann ist das erste Schuljahr zu Ende. Am letzten Schultag finden die Geschwister im Astloch ein Kästchen, das zwei alte, blankgeputzte Pennystücke enthält. Sie beschließen, das Geld vorläufig zu behalten und sich zu Beginn des neuen Schuljahres umzuhören, ob jemand es verloren oder dort deponiert habe.

Der zweite Sommer mit Dill

Dill kommt wieder und lenkt die Aufmerksamkeit der Geschwister gleich wieder auf Boo Radley. Beim Spiel mit einem großen Gummireifen – ein Kind kauert sich hinein, die anderen geben dem Reifen Schwung – landet Scout zum Schrecken aller drei Kinder vor der Veranda des Radley-Hauses. Sie hört, wie jemand im Innern des Hauses lacht. Sie behält das für sich.

Theaterspiel: Szenen aus dem Leben Boo Radleys

Das Theaterspiel vom vorigen Sommer wird fortgesetzt, doch mit verändertem Thema: Auf Jems Vorschlag hin spielen die Kinder nun Szenen aus dem Leben Boo Radleys nach. Atticus überrascht sie dabei, ahnt, worum es geht – auch wenn Jem alles abstreitet –, und äußert sein Missfallen über das aufdringliche Interesse der Kinder an den geheimnisumwitterten Nachbarn.

Kapitel 5: Miss Maudie Atkinson; ernste Ermahnung der Kinder durch Atticus (S. 55–66)

In diesem zweiten Sommer fühlt sich Scout von den beiden Jungen ausgeschlossen. An dem Theaterspiel nimmt sie nur ungern weiter teil. Sie verbringt nun mehr Zeit als früher bei der Nachbarin Miss Maudie Atkinson. Scout versucht, sie über Boo Radley auszufragen, und Miss Maudie klärt Scout über die lebensabgewandte, eifernde Gläubigkeit von Arthurs Eltern auf. Arthur selbst hat sie als liebenswürdigen, höflichen Jungen in Erinnerung.

Miss Maudie über Boo Radley

Dill und Jem beschließen, Boo Radley eine Nachricht zukommen zu lassen, die Jem am Ende einer Angelrute befestigt und über den Zaun auf einem Fenstersims abzulegen versucht. Dill und Scout stehen Schmiere. Dennoch taucht plötzlich Atticus auf. Ernst ermahnt er Jem und seine beiden Mithelfer, davon abzulassen, Arthur Radley zu quälen. Er führt ihnen das Ungehörige ihres Verhaltens vor Augen. Jem versucht, sich zu verteidigen, und gibt dabei gegen seine Absicht zu, was er bis dahin abgestritten hatte: dass Boo Radley der Held ihrer dramatischen Übungen ist. Er fühlt sich von seinem Vater, dem gewieften Anwalt, übertölpelt, und zürnt ihm, dass dieser ihn doppelt ins Unrecht gesetzt hat.

Versuch einer Kontaktaufnahme mit Boo Radley – Atticus' Verärgerung und Tadel

Kapitel 6: Nächtliches Abenteuer (S. 67–76)

Am Ende der Ferien, am letzten Abend vor Dills erneuter Abreise, versuchen die beiden Jungen, sich durch den hinteren Garten des Radley-Hauses zu schleichen, um auf diese Weise vielleicht einen Blick ins Haus werfen zu können. Scout geht widerwillig mit, um die Unsinnigkeit des Vorwurfs unter Beweis zu stellen, sie benehme sich täglich mehr wie ein Mädchen. Jem erreicht als Erster die rückwärtige Veranda. Als er versucht, durch eines der Fenster zu schauen, erscheint auf der Veranda der Schatten eines Mannes, der dicht vor Jem Halt macht, einen Arm hebt und dann wieder

Eine weitere Mutprobe

Scout, Jem und Dill in einer Inszenierung am Regent Park Open Air Theatre, London, 2014 © ullstein bild – ArenaPAL / JOHAN PERSSON

sinken lässt, einen Moment unbeweglich verharrt und schließlich vorübergleitet und sich um die Verandaecke entfernt. Die Kinder fliehen in heller Panik. Ein Gewehrschuss hallt durch die Nacht. Jem bleibt am Drahtzaun, der den Garten vom nebenan gelegenen Schulhof abgrenzt, mit der Hose hängen. Er schlüpft aus der Hose, die im Zaun verhakt zurückbleibt.

Jems Hose als mögliches Beweisstück am „Tatort"

Vor dem Haus der Radleys sind die Nachbarn zusammengelaufen. Mr Nathan Radley, der ältere Bruder Arthurs, hält ein Gewehr in der Hand. Er hat diesmal nur in die Luft geschossen, erklärt aber, das nächste Mal, wenn sich wieder ein Schwarzer in seinem Garten herumtreibe, nicht mehr so nachsichtig zu sein. Die Kinder sind hinzugelaufen, um sich nicht verdächtig zu machen. (Ihre Neugierde ist allen bekannt.) Natürlich fällt auf, dass Jem nur seine Shorts anhat. Dill rettet die Situation, indem er erklärt, Jem seine Hosen beim Strip-Poker abgenommen zu haben. Atticus sagt, er solle sie ihm zurückgeben. Die Kinder gehen nach Hause.

Jem will um jeden Preis verhindern, dass Atticus erfährt, was wirklich passiert ist. Atticus hat ihn noch nie geschlagen, und er möchte, dass das so bleibt. Deshalb macht er sich in der Nacht noch einmal auf, um seine Hose zu holen. Scout hat Todesangst um ihn. Doch er kehrt wohlbehalten zurück.

Kapitel 7: Weitere Geschenke im Astloch (S. 77–84)

Die geflickte Hose

Jem ist tagelang schweigsam und nachdenklich. Schließlich vertraut er Scout an, dass er die Hose ordentlich über den Zaun gefaltet und sogar – wenn auch ungeschickt, mit groben Stichen – geflickt vorgefunden habe.

Scouts zweites Schuljahr

Weitere Geschenke im Astloch

Scouts zweites Schuljahr hat begonnen. Sie hat nun länger Unterricht, sodass die Geschwister meistens gemeinsam von der Schule heimgehen. In dem Astloch finden sie dabei regelmäßig Geschenke: einmal zwei aus Seife geschnitzte Figuren, in denen sie sich selbst wiedererkennen; ein anderes Mal eine alte Medaille von einem Schulwettbewerb im Rechtschreiben; wieder ein anderes Mal eine nicht mehr funktionierende alte Taschenuhr. Auf Jems Vorschlag hin schreiben sie einen kurzen Dankesbrief an den anonymen Spender der Sachen. Als sie ihn deponieren wollen, stellen sie fest, dass das Astloch mit Zement gefüllt worden ist. Jem passt Mr Nathan Radley ab und fragt ihn, ob er das Loch zementiert habe und warum. Mr Radley antwortet, der Baum stürbe ab, deshalb der Zement. Jem fragt daraufhin Atticus nach seiner Meinung. Als dieser von Mr Radleys Auskunft erfährt, antwortet er ausweichend, um den Nachbarn nicht vor seinen Kindern bloßzustellen.

Kapitel 8: Wintereinbruch; Miss Maudies Haus brennt völlig ab (S. 85–98)

Der Schneemann

Überraschend wird Maycomb vom Winter heimgesucht. Eine dünne Schneedecke bedeckt die Stadt. Es ist der erste Schnee seit Menschengedenken. Jem und Scout bauen einen Schneemann, der viel Ähnlichkeit mit dem in der Nachbarschaft wohnenden Mr Avery hat. Atticus ist amüsiert, besteht aber darauf, dass sie noch Veränderungen vornehmen, damit nicht der Eindruck aufkommen kann, die Kinder wollten sich über Mr Avery lustig machen.

Der nächtliche Häuserbrand

In der folgenden Nacht brennt Miss Maudies Haus. Die Kinder werden geweckt, da das Feuer zeitweilig auf das Haus der Finchs überzugreifen droht. Die eisige Kälte behindert die Löscharbeiten. In sicherer Entfernung, bei Radleys Tor stehend, sehen Scout und Jem, wie Miss Maudies Haus Opfer der Flammen wird. Als alles vorbei ist, begleitet Atticus die Kinder wieder ins Haus zurück. Er wundert sich, dass Scout wie eine Indianerfrau in eine braune Wolldecke gehüllt ist, die ihnen nicht gehört. Scout ist selbst am meisten überrascht. Sie hat, während sie in die Flammen starrte, gar nicht mitbekommen, dass jemand ihr die Decke umgelegt hat. Jem begreift und legt aufgeregt gegenüber Atticus eine umfassende Beichte ihrer Geheimnisse ab. Atticus reagiert nachsichtig und klärt Scout dann darüber auf, dass Boo Radley ihr die Decke umgelegt haben wird. Scout ist fassungslos und fühlt sich ganz mulmig.

Boo Radleys Fürsorge für Scout

Kapitel 9: Der bevorstehende Prozess wirft seine ersten Schatten voraus (S. 99–117)

Atticus, der „Nigger"-Anwalt

Scouts Mitschüler Cecil Jacobs behauptet, ihr Vater verteidige Nigger. Scout spürt, dass das als Beleidigung gemeint ist, und verprügelt Cecil. Später erkundigt sie sich bei ihrem Vater, ob die Anschuldigung denn wahr sei. Atticus erklärt, dass er tatsächlich die Verteidigung eines Schwarzen übernommen habe, dessen Fall aber erst im nächsten Sommer zur Verhandlung kommen werde. Er bittet Scout, sich in Zukunft zurückzuhalten, auch wenn man hässliche Dinge über ihn erzähle, und statt mit den Fäusten mit dem Kopf zu kämpfen.

Weihnachten bei Tante Alexandra

Das Weihnachtsfest verbringen Atticus und seine Kinder wie jedes Jahr auf Finch's Landing, dem Familiensitz, der nun von Tante Alexandra und ihrem schweigsamen Mann Jimmy bewirtschaftet wird. Auch Onkel Jack findet sich wie immer ein, sowie Scouts um ein Jahr älterer Neffe Francis, der Sohn von Alexandras und Jimmys einzigem Sohn Henry. Scout kann Francis nicht ausstehen, der ein Langweiler ist und keine Gelegenheit auslässt, sie zu provozieren. Dieses Mal klärt er sie zunächst über ihren „Verlobten" Dill auf. Großmutter habe ihm erzählt, Dill habe gar kein Zuhause und werde ständig bloß von Verwandten zu Verwandten herumgereicht. Das habe sie nicht gewusst? Dann kommt er auf ihren Vater zu sprechen: Der sei nichts weiter als ein Niggerfreund und eine Schande für die ganze Familie. Scout schlägt Francis mit der Faust ins Gesicht, Francis schreit laut, Tante Alexandra und Onkel Jack laufen herzu, Francis markiert das Unschuldslamm, und Onkel Jack, der sich schon vorher über Scouts neuerdings hervorgetretene Neigung zum Fluchen verwundert gezeigt hat, geht energisch dazwischen.

Scouts handgreiflicher Konflikt mit Francis

Aussprache zwischen Scout und Onkel Jack

Zurück in Maycomb kommt es zu einer Aussprache zwischen Scout und Onkel Jack. Anschließend sieht Jack ein, dass er seiner Nichte Unrecht getan hat, und sie versöhnen sich wieder. Scout bittet Jack, Atticus nichts über den wahren Grund ihres Aussetzers zu erzählen, weil dieser sie ja eigens gebeten habe, solche Provokationen zu ertragen. Am Abend belauscht sie ein Gespräch

Scout belauscht Atticus und Onkel Jack

zwischen ihrem Vater und ihrem Onkel. Atticus räumt ein, dass der von ihm übernommene Fall ziemlich aussichtslos sei, da das Wort eines Schwarzen gegen das eines Weißen stehe, auch wenn es ein Ewell sei, über dessen Charakter sich niemand Illusionen machen könne. Er hoffe sehr, dass Jem und Scout das, was nun auf sie zukomme, ohne bleibende Bitterkeit überstünden. Dann bemerkt Atticus Scout und schickt sie zu Bett. Erst viele Jahre später begreift sie, dass ihr Vater die heimliche Zuhörerin von Anfang an wahrgenommen und dass er eigentlich in erster Linie zu ihr gesprochen hat.

Kapitel 10: Die Kinder lernen ihren Vater mit anderen Augen zu betrachten (S. 118–131)

Atticus, der etwas andere Vater

Zu Weihnachten haben Jem und Scout auf ihren dringlichen Wunsch hin Luftgewehre erhalten, auch wenn Atticus keinen Zweifel darüber aufkommen lässt, dass er nichts vom Schießen und Jagen hält. Die Kinder leiden oft darunter, dass ihr Vater so ganz anders ist als die Väter ihrer Mitschülerinnen und Mitschüler. Er ist viel älter, er hat vollständig andere Interessen. Statt wie die anderen Väter an gemeinschaftlichen Football-Spielen teilzunehmen (Jem ist ein fanatischer Football-Fan), sitzt er daheim und liest. Miss Maudies Bemerkung, dass Atticus auch Mundharmonika spielen könne, verstärkt nur Scouts Empfindung, dass sie sich ihres Vaters in mancher Hinsicht schämen müsse.

Diese Haltung der Kinder gegenüber ihrem Vater wandelt sich, als sie Zeugen davon werden, wie Atticus einen tollwütigen Hund, der im Viertel große Angst auslöst, mit einem Meisterschuss tötet. Mr Tate, der Sheriff, der kein sonderlicher Schütze ist, hat ihn dazu gedrängt, den Schuss zu übernehmen. Die Kinder erfahren zu ihrem Staunen von Miss Maudie, dass ihr Vater als Jugendlicher der beste Schütze der Gegend gewesen ist und sich dadurch den Beinamen

Atticus als "Ol' One-Shot"

"Ol' One-Shot" erworben hat. Seit vielen Jahren aber hat er kein Gewehr mehr angerührt. Er sei, so Miss Maudie, zu zivilisiert und habe es wohl innerlich abgelehnt, durch seine Gabe einen Vorteil gegenüber anderen Menschen zu besitzen. Jem wirkt nach diesem Vorfall innerlich wie befreit und identifiziert sich stark mit seinem Vater.

Kapitel 11: Ms Dubose stirbt und die Kinder lernen wieder etwas dazu (S. 132–149)

Jem verliert die Nerven

Auf dem Weg ins Stadtzentrum müssen Scout und Jem immer am Haus von Mrs Dubose vorbei, einer alleinstehenden alten Dame, die rund um die Uhr von einer jungen Schwarzen betreut wird. Mrs Dubose kann es nicht lassen, die Kinder zu ermahnen, zu beschimpfen und ihnen eine düstere Zukunft vorauszusagen. Atticus weist Jem und Scout darauf hin, dass sie krank sei. Jem solle einfach weghören und sich wie ein Gentleman verhalten. Kurz nach seinem zwölften Geburtstag aber verliert Jem doch die Nerven und schlägt sämtlichen Kamelien in Mrs Duboses Garten die Köpfe ab, nachdem die alte Dame den Kindern zugerufen hat, ihr Vater sei nicht besser als die Nigger, für die er arbeite. Atticus verlangt, dass Jem sich bei Mrs Dubose entschuldigt. Betroffen kommt dieser mit der Nachricht zurück, Mrs Dubose wolle, dass er ihr zur Wiedergutmachung einen Monat lang jeden Tag zwei Stunden vorlese. Atticus erklärt, dass Jem diesen Wunsch zu erfüllen habe.

Jems Vorlesedienst bei Mrs Dubose und ihr Tod

Mehrere Wochen lang finden sich die beiden Kinder – Scout ist mit von der Partie, auch wenn sie sich graust und ekelt – am Bett von Mrs Dubose ein. Nur kurze Zeit, nachdem Jem seine Strafe abgebüßt hat, stirbt die alte Dame. Atticus ist während ihrer letzten Stunden bei ihr. Nach ihrem Tod klärt Atticus seine Kinder darüber auf, dass sie seit langem Morphium erhalten habe, um ihre Schmerzen zu lindern. Als ihr mitgeteilt worden sei, dass sie nicht mehr lange zu leben habe, habe sie beschlossen, sich vor ihrem Tod von ihrer Morphiumabhängigkeit zu befreien. Jems Vorlesestunden hätten ihr vermutlich geholfen, die nun ungelinderten Schmerzen ertragen zu lernen. Als Jem auf ihr Abschiedsgeschenk für ihn, eine besonders schöne Kamelie, wütend reagiert, verteidigt Atticus Mrs Dubose und sagt, sie sei der tapferste Mensch gewesen, der ihm je begegnet sei.

Zweiter Teil

Kapitel 12: Zu Gast im Gottesdienst der farbigen Gemeinde (S. 153–168)

Calpurnias Kirchengemeinde

Scout ist sehr enttäuscht, als Dill zu Beginn der Sommerferien zunächst ausbleibt. Er schreibt ihr, er habe einen neuen Vater, und sie hätten vor, gemeinsam ein Fischerboot zu bauen. Zu allem Überfluss wird Atticus für zwei Wochen in Montgomery in der Volksvertretung benötigt. Die Kinder bleiben in der Obhut Calpurnias. Diese nimmt sie am Sonntag mit in den Gottesdienst ihrer Kirchengemeinde. Die weißen Kinder werden von den Schwarzen respektvoll begrüßt und überwiegend herzlich willkommen geheißen, auch wenn vereinzelt Vorbehalte dagegen laut werden, dass Calpurnia sie mitgebracht hat. Doch man kennt ihren Vater und weiß, was er gerade jetzt für die Schwarzen tut.

Die Kollekte für Tom Robinsons Familie

Die Kollekte ist für Tom Robinsons Familie bestimmt, da seine Frau Schwierigkeiten hat, Arbeit zu erhalten, seit ihr Mann angeklagt ist, eine weiße Frau vergewaltigt zu haben, und in Untersuchungshaft sitzt. Unerbittlich wartet der Priester, bis genug Geld zusammengekommen ist. Jem und Scout erfahren manches über Calpurnia, worüber sie sich bislang nie Gedanken gemacht haben, und Scout fragt Calpurnia am Ende, ob sie sie einmal bei sich zu Hause besuchen dürfe. Calpurnia antwortet, Scout sei jederzeit willkommen.

Kapitel 13: Tante Alexandra schaltet sich in die Erziehung der Kinder ein (S. 169–179)

Tante Alexandras Wesen

Vom Gottesdienst heimkehrend, werden die Kinder überraschend von Tante Alexandra in Empfang genommen, die mit Atticus übereingekommen ist, dass die Kinder für eine Weile stärker als bisher weiblichen Einfluss zu spüren bekommen müssten. Tante Alexandra wird schnell zu einer wichtigen Stütze des gesellschaftlichen Lebens in Maycomb. Sie hat zu alles und jedem eine feste Meinung und taxiert alle Mitglieder der Gemeinde aufgrund ihrer jeweiligen Familienzugehörigkeit. Ihr eigener Familienstolz ist ausgeprägt. Sie ist bemüht, ihn auch auf Jem und Scout zu übertragen. Atticus gibt gegenüber seinen Kindern zunächst vor, dass seine Schwester ganz in seinem Sinne handle. Als er sieht, wie unglücklich Scout ist, versichert er ihr aber, dass sie sich nicht zu ändern brauche.

Kapitel 14: Innerfamiliäre Spannungen; Dill findet sich ein (S. 180–192)

Scouts Ärger über Jems Bevormundungen

Tante Alexandra äußert die Ansicht, dass Calpurnia nicht mehr benötigt werde. Atticus weist diese Einmischung entschieden zurück. Jem verlangt von Scout, fruchtlose Auseinandersetzungen mit Tante Alexandra künftig zu vermeiden, Atticus habe aufgrund des bevorstehenden Prozesses schon genug Sorgen. Die überlegene Haltung, die Jem neuerdings an den Tag legt, geht Scout mächtig auf die Nerven.

Dills Flucht nach Maycomb

Unverhofft taucht doch noch Dill auf. Er hat sich durch seine Mutter und seinen neuen Vater so vernachlässigt gefühlt, dass er heimlich verschwunden ist und sich allein bis Maycomb durchgeschlagen hat. Jem besteht darauf, dass die Erwachsenen informiert werden müssen, auch wenn Scout das als Verrat betrachtet. Schließlich wird beschlossen, dass Dill die erste Nacht bei Jem und Scout und danach bei seiner Tante bleiben darf.

Kapitel 15: Atticus, seine Kinder und Mr Underwood verhindern einen Lynchmord (S. 193–207)

Immer weniger Interesse an Boo Radley

Dill macht neuerliche Vorschläge, wie man Boo Radley aus dem Haus locken könnte, doch der bevorstehende Prozess lässt solche Streiche in den Hintergrund treten. Überdies hat Scout begriffen, dass Boo ein Recht darauf hat, in Ruhe gelassen zu werden.

Lynchjustiz liegt in der Luft

Atticus erhält eines Abends Besuch von Sheriff Tate und anderen Bekannten: Die Männer bleiben vor dem Haus stehen und äußern ihre Besorgnis über die Lage, denn am folgenden Tag wird Tom Robinson ins örtliche Gefängnis überstellt werden. Jem spürt das Bedrohliche der Situation, missversteht sie aber. Atticus beschwichtigt hinterher: Die Zeiten des Ku Klux Klan seien vorbei, die Männer seien ihre Freunde. Am Sonntag kommt es zwischen Sonntagsschule und Gottesdienst zu weiteren ernsten Gesprächen unter den Männern. Am Abend macht sich Atticus mit einem Verlängerungskabel, an dessen Ende eine Glühbirne befestigt ist, auf den Weg ins Stadtzentrum. Er nimmt das Auto, was für ihn sehr ungewöhnlich ist. Um zehn Uhr beschließt Jem, nach dem Vater zu sehen. Scout besteht darauf, ihn zu begleiten und auch Dill abzuholen. Sie sehen Atticus vor dem Eingang des schmalen Gefängnisgebäudes im Licht seiner Glühbirne sitzen und Zeitung lesen. Als sie beruhigt umkehren wollen, fahren vier staubige Wagen vor. Nach einer Weile steigen die Insassen aus. Sie bauen sich im Halbkreis vor Atticus auf und fordern ihn auf, die Tür freizugeben. Scout, die noch nicht begriffen hat, was vor sich geht, läuft zu ihrem Vater; Jem und Dill folgen. Atticus reagiert bestürzt auf das Erscheinen der Kinder. Er befiehlt ihnen, sofort nach Hause zu gehen. Jem weigert sich. Einer der fremden Männer packt Jem am Kragen, worauf-

Atticus wird von seinen Kindern beschützt

hin Scout nach ihm tritt. Jem weigert sich nach wie vor, zu gehen. Die Situation spitzt sich zu. Da entdeckt Scout ein ihr bekanntes Gesicht. Es gehört Mr Cunningham, den Atticus einst anwaltlich beraten hat und dessen Sohn Walter Scouts Mitschüler ist. Sie versucht, ihn in ein höfliches Gespräch zu verwickeln, so wie ihr Vater ihr das beigebracht hat. Mr Cunningham ist zunächst peinlich berührt. Schließlich gibt er ihr eine freundliche Antwort und fordert die Männer auf, mit ihm abzuziehen. Als sie allein sind, bewahrt Atticus nur mit Mühe seine übliche Fassung. Er versichert Tom Robinson, der in seiner Zelle alles mitbekommen hat, dass er nun nicht mehr in Gefahr sei, und kehrt ebenfalls nach Hause zurück. Zuvor stellt sich noch heraus, dass Mr Underwood, der Herausgeber der *Maycomb Tribune*, Atticus vom Fenster seiner Wohnung aus mit seinem Gewehr Deckung gegeben hat. Auf dem Heimweg gibt Atticus Jem durch eine zärtliche Geste zu verstehen, wie sehr er mit seinem Verhalten nachträglich einverstanden ist.

Mr Underwood

Kapitel 16: Der Morgen des Prozesstags (S. 208–221)

Für den Montag ist die Verhandlung angesetzt. Auch an diesem Morgen kann Tante Alexandra es nicht lassen, ihren Bruder zu kritisieren und sich geringschätzig über Calpurnia zu äußern. Atticus bleibt ruhig. Doch auch Scout spürt inzwischen die leichte Abwehr in der Haltung ihres Vaters gegenüber ihrer Tante. Jem und Atticus sprechen über den Vorfall vom vergangenen Abend. Atticus beharrt darauf, dass Mr Cunningham grundsätzlich ein anständiger Mensch sei. Nachdem Atticus seinen Kindern gesagt hat, dass er sie heute nicht im Stadtzentrum sehen möchte, macht er sich auf den Weg ins Gericht. Am Vormittag findet die Auswahl der Geschworenen statt.

Spannungen zwischen Atticus und Tante Alexandra

Von überall her strömen Menschen zusammen, die sich den Aufsehen erregenden Prozess nicht entgehen lassen wollen. Miss Mau-

Die vom Prozess angezogene Menge der Schaulustigen

die äußert sich mit Verachtung über diese aus ihrer Sicht morbide Sensationslust. Als Atticus nach dem Mittagessen wieder ins Gericht zurückkehrt, machen sich auch Jem und Scout mit Dill auf den Weg in die Stadt. Der Platz vor dem Gerichtsgebäude ist übersät mit Menschen, die dort ihr Picknick einnehmen. Weiße und Schwarze bleiben jeweils unter sich. Nur Mr Dolphus Raymond, ein Weißer aus einer der alteingesessenen Familien, der eine schwarze Frau geheiratet und mit ihr mehrere Kinder hat und der als ein Trinker gilt, hat sich zu den Farbigen gesellt.

Mr Dolphus Raymond

Der Zuschauerraum im Parterre ist bereits überfüllt, als Scout, Jem und Dill ins Gerichtsgebäude gelangen. Mithilfe von Reverend Sykes, dem Priester aus Calpurnias Kirchengemeinde, erhalten die Kinder drei Sitzplätze auf der Galerie, die dem schwarzen Publikum vorbehalten ist. Hier sind sie auch den etwaigen Blicken ihres Vaters weitgehend entzogen. Mr Tate, der Sheriff, ist gerade dabei, seine Aussage zu machen.

Jem, Scout und Dill auf dem "Colored balcony"

Kapitel 17: Die Aussagen von Mr Tate und Bob Ewell (S. 222–238)

Die Aussage des Sheriffs

Mr Tate wird zunächst von dem Staatsanwalt Mr Gilmer und anschließend von Atticus befragt. Er sei am Abend des 21. November des Vorjahres von Bob Ewell zu dessen Haus geholt worden, wo er dessen älteste Tochter Mayella auf dem Boden liegend und übel zugerichtet vorgefunden habe. Vater und Tochter hätten angegeben, dass Mayella von Tom Robinson vergewaltigt worden sei. Mr Tate muss allerdings einräumen, dass er es versäumt hat, diese Behauptung durch eine ärztliche Untersuchung überprüfen zu lassen. Auch Bob Ewell ist, wie sich anschließend herausstellt, nicht auf die Idee gekommen, seine Tochter untersuchen zu lassen. (Die ganze Stadt weiß, unter welchen erbärmlichen Umständen die Ewells leben. Die Mutter ist bereits lange tot, der Vater trinkt. Sie wohnen in einer vernachlässigten und verdreckten Bruchbude. Die Kinder

Die Lebensverhältnisse der Ewells

sind ohne Schulbildung, unterversorgt und oft krank. Mayella beweist durch ein von ihr liebevoll gepflegtes Beet mit Geranien ihre Sehnsucht nach ordentlicheren Verhältnissen, ist jedoch mit ihrer Rolle als Ersatzmutter der jüngeren Geschwister überfordert.) Die Art der Gesichtsverletzungen, die Mayella davongetragen hat, sprechen dafür, dass der Täter ein Linkshänder war. Auch hat sie der Täter mit beiden Händen am Hals gewürgt. Im Laufe der Befragung von Bob Ewell durch Atticus stellt sich heraus, dass Mayellas Vater Linkshänder ist. Bob Ewell macht deutlich, wie sehr er Atticus hasst, der ihn mit seinen Anwaltstricks hereinzulegen versuche. Als nächste Zeugin wird Mayella Ewell aufgerufen.

Bob Ewells unverhohlener Hass auf Atticus

Kapitel 18: Die Aussage von Mayella Ewell (S. 239–253)

Mayellas Furcht vor und Misstrauen gegen Atticus

Mayella, die im Laufe ihrer Vernehmung wiederholt in Tränen ausbricht und Atticus beschuldigt, er mache ihr Angst und wolle sich über sie lustig machen, sagt aus, sie habe Tom Robinson an dem fraglichen Abend gebeten, ihr eine alte Kommode zu zerhacken. Bei dieser Gelegenheit sei Tom über sie hergefallen. Atticus befragt sie zunächst nach ihren Lebensumständen. Es entsteht das Bild eines 19-jährigen Mädchens ohne Freunde und ohne Perspektive, die viel unter ihrem meist betrunkenen Vater zu leiden hat. Sie versichert jedoch, dass ihr Vater niemals gewalttätig gegen sie gewesen sei. Im Verlauf ihrer Vernehmung muss sie ihre anfängliche Aussage, sie habe zuvor niemals Kontakt mit Tom Robinson gehabt, korrigieren. Sie gibt zu, ihm bereits vorher ähnliche Aufträge erteilt zu haben. Atticus lässt Robinson aufstehen, damit Mayella ihn nochmals als ihren Vergewaltiger identifizieren kann. Dabei wird für alle Anwesenden deutlich, dass Robinson kaum der Täter sein kann: Sein linker Arm ist verkürzt, seine linke Hand unbrauchbar. (Er ist, wie Reverend Sykes den Kindern erklärt, als Junge mit dem Arm in eine Entkernungsmaschine geraten.) Atticus fragt Mayella, ob sie ihre

Aussage nicht korrigieren möchte. Ob es nicht so gewesen sei, dass sie erst geschrien habe, als ihr Vater am Fenster aufgetaucht sei, und dass in Wahrheit ihr Vater sie anschließend so zugerichtet habe? Mayella beantwortet diese Fragen nicht. Stattdessen beharrt sie auf ihrer Aussage, beschimpft alle, die sie jetzt im Stich lassen würden, als stinkende Feiglinge, verkündet, von nun an gar nichts mehr zu sagen, und bricht schließlich in Tränen aus. Man lässt ihr dieses Verhalten durchgehen. Sie wird als Zeugin entlassen. Der Richter ordnet eine kurze Unterbrechung an.

Mayellas unglaubwürdige Aussage

Kapitel 19: Die Aussage von Tom Robinson (S. 254–266)

Tom Robinsons offenkundige Anständigkeit

Als letzter Zeuge wird Tom Robinson vernommen, der zunächst von Atticus befragt wird. Er ist 25 Jahre alt, verheiratet und hat drei Kinder. Wegen einer gewalttätigen Auseinandersetzung ist er bereits einmal zu einer dreiwöchigen Gefängnisstrafe verurteilt worden. Dessen ungeachtet erscheint er aufgrund seiner Aussage als ein anständiger, mitfühlender Mensch. Er erzählt, dass Mayella ihn regelmäßig gebeten habe, ihr zur Hand zu gehen, was er gerne getan habe, weil ihm deutlich gewesen sei, wie schwer sie es habe. Am fraglichen Abend habe sie ihn unter einem Vorwand ins Haus gebeten und dort versucht, mit ihm intim zu werden, um endlich einmal, wie sie ihm gesagt habe, einen erwachsenen Mann zu küssen, denn außer ihrem Vater habe sie noch niemand angefasst. Die Geschwister habe sie zuvor mit Geld ausgestattet, sich in der Stadt ein Eis zu kaufen, wofür sie nach ihrer eigenen Angabe lange gespart habe. Er sei sehr erschrocken gewesen, weil ihm natürlich klar gewesen sei, wie gefährlich die Situation für ihn war, und habe sich von ihr losgemacht und sei geflohen. Im gleichen Moment sei Mr Ewell am Fenster erschienen.

Link Deas' Zeugnis

Als der Staatsanwalt übernimmt, ergreift im Publikum Robinsons langjähriger Arbeitgeber, Link Deas, das Wort und versichert, dass Robinson ein rechtschaffener Mensch sei. Richter Taylor reagiert scharf auf den unerlaubten Zwischenruf und verweist Deas des Saales.

Toms Verhör durch den Staatsanwalt

Staatsanwalt Gilmer versucht, Tom Robinson durch Sarkasmus zu verunsichern. Der Beschuldigte gibt schließlich an, dass er Mayella so oft geholfen habe, weil diese ihm leidgetan habe. Er merkt gleich, dass diese Äußerung ein schwerer Fehler war. Jedoch lässt sie sich nicht mehr zurücknehmen. Das weiße Publikum im Parterre nimmt sie mit sichtlicher Verärgerung auf. Robinson antwortet danach auf alle weiteren provozierenden Fragen unverfänglich und weicht jedem Versuch aus, ihn zu der Aussage zu veranlassen, dass die Klägerin bewusst die Unwahrheit sage. Der schlechte Eindruck seines unstatthaften Gefühls der Überlegenheit gegenüber einer weißen Frau bleibt aber bestehen.

Dills Gefühlsausbruch

Während der Befragung von Robinson durch den Staatsanwalt fängt Dill an zu weinen. Scout führt ihn nach draußen. Dill ist über die Gemeinheit von Mr Gilmer außer sich. Scout, als Kind eines Anwalts, versucht ihn zu beruhigen: Das sei doch nur sein Job. Doch Dill lässt diese nüchterne Sicht nicht gelten: Mr Finch (Scouts Vater) gehe auch nicht so mit den Zeugen um. Mr Raymond mischt sich in ihr Gespräch ein und äußert Verständnis für Dill: Er sei nicht zimperlich, ihn ekele das Ganze einfach an, nicht wahr? Er könne das verstehen.

Kapitel 20: Das Plädoyer von Atticus (S. 267–275)

Mr Raymonds listig-souveräner Umgang mit der herrschenden Doppelmoral

Mr Raymond bietet Dill einen Schluck aus seiner Flasche an, die er immer in einer Papiertüte aufbewahrt, aus der Strohhalme herausragen. Dill stellt fest, dass es sich einfach um Coca-Cola handelt. Mr Raymond vertraut den verwunderten Kindern an, dass er sich nur den Anschein gebe, alkoholabhängig zu sein. Das erleichtere es seinen weißen Mitbürgern, das Leben, das er führe, zu akzeptieren.

Atticus' Appell an den Gerechtigkeitssinn der Geschworenen

Als Scout und Dill in den Gerichtssaal zurückkehren, hat Mr Gilmer sein Plädoyer bereits gehalten, und Atticus spricht zur Jury. Er betont, dass es sich um einen einfachen Fall handele, der niemals zur Verhandlung hätte kommen dürfen. Die Klägerin habe ein ungeschriebenes, aber umso unerbittlicheres Gesetz der Gesellschaft gebrochen, indem sie versucht habe, einen Schwarzen zu verführen. Aus Angst, zur Strafe dafür von der Gesellschaft ausgestoßen zu werden, versuche sie nun, denjenigen zu vernichten, der ihr Vergehen bezeugen könne. Die Vorurteile der Weißen gegenüber den Schwarzen erleichterten ihr dieses Vorhaben. Doch vor dem Gericht seien alle Menschen gleich. Er vertraue in die Integrität der Jury.

Kapitel 21: Tom Robinsons Verurteilung (S. 276–283)

Die ungewöhnlich lange Beratung der Jury

Nachdem Atticus sein Plädoyer beendet hat, taucht Calpurnia mit einer Nachricht von Tante Alexandra im Gerichtssaal auf: Die Kinder seien verschwunden. Schnell ist geklärt, dass Jem, Scout und Dill sich im Gerichtssaal befinden. Atticus ist verärgert, erlaubt dann aber auf Jems dringliche Bitten hin, dass die Kinder, nachdem sie zu Hause zu Abend gegessen haben, wieder ins Gericht zurückkehren, um den Spruch der Jury abzuwarten. Die Jury sitzt lange zusammen. Niemand geht. Alle verharren angespannt auf ihren Plätzen. Jem ist sehr optimistisch. Er glaubt, dass die Jury Tom Robinson einfach freisprechen *muss*. Um elf Uhr schläft Scout vor Übermüdung ein. Als sie wieder aufwacht, zittert sie. Die heiße Sommernacht fühlt sich plötzlich kalt an. Dann endlich erscheint die Jury. Tom Robinson wird einstimmig für schuldig befunden. Atticus versucht, dem Verurteilten Mut zu machen; er wird eine Revision des Verfahrens beantragen. Anschließend verlässt Atticus rasch den Saal. Alle Schwarzen erheben sich, um ihm ihren stummen Respekt auszudrücken.

Die Ehrenerweisung der Schwarzen für Atticus

Kapitel 22: Bob Ewell schwört Rache (S. 284–290)

Jems Gefühlsausbruch

Auf dem Heimweg weint Jem vor Enttäuschung und Erbitterung. Selbst Atticus lässt erkennen, dass es ihm schwer fällt, sein Verständnis nach allen Seiten hin, das er sonst an den Tag legt, und seine innere Balance zu bewahren.

Am nächsten Tag sieht alles schon wieder etwas freundlicher aus. Atticus hofft, in der Berufung mehr für Tom Robinson erreichen zu können. Angehörige und Freunde der Robinsons haben Berge von Esswaren gebracht, um Atticus zu danken. Atticus ist tief bewegt. Doch die Nachbarn stehen zusammen und tuscheln. Dass die Kinder während der Verhandlung bei den Schwarzen gesessen haben, wird als skandalträchtig empfunden. Miss Maudie distanziert sich von dem Gerede und lädt Jem, Scout und Dill zu sich ein. Sie erklärt ihnen, dass Atticus zu den seltenen Menschen gehört, die das auf sich nehmen, wovor alle anderen zurückscheuen, und dass noch mehr in der Stadt so denken wie er. Später erklärt Dill voll Bitterkeit, dass er, wenn er groß sei, Clown werden wolle. Er werde sich dann hinstellen und den Menschen mit seinem Gelächter den Spiegel vorhalten. Im selben Moment verbreitet sich in Windeseile die Nachricht, Bob Ewell habe vor dem Postamt auf Atticus gewartet, ihm ins Gesicht gespuckt und geschworen, dass er es ihm noch heimzahlen werde.

Die Kinder bei Miss Maudie

Bob Ewells Spuckattacke

Kapitel 23: Die Ereignisse der letzten Tage werden in der Familie besprochen (S. 291–304)

Atticus' Weigerung, sich provozieren zu lassen

Atticus ist nicht auf Bob Ewells Provokation eingegangen. Auch weigert er sich, besser für seine Sicherheit vorzusorgen. Als er jedoch bemerkt, wie besorgt und verängstigt seine Kinder sind, versucht er sie zu beruhigen: Mr Ewell habe sich einfach abreagieren müssen, nachdem der letzte Rest seiner Glaubwürdigkeit vor Gericht von Atticus zerstört worden sei. Ihm, Atticus, sei es lieber, er richte seine Wut gegen ihn als gegen seine Kinder. In Zukunft werde Ewell keine Gefahr mehr darstellen.

Jems Diskussion mit Atticus über Unzulänglichkeiten des Justizsystems

Die Kinder sind halbwegs beruhigt. Doch die ungerechte Verurteilung von Tom Robinson beschäftigt sie weiter. Jem vertritt die Auffassung, dass Geschworenengerichte abgeschafft werden müssten. Er fragt seinen Vater, warum nie Leute aus ihrer näheren Bekanntschaft, also verständigere, urteilsfähigere Menschen, in einer Jury säßen. Atticus erwidert, es sei eine unbequeme Aufgabe, der die meisten Menschen lieber aus dem Weg gingen. Als Jurymitglied müsse man öffentlich Stellung beziehen. Vielen Menschen falle das schwer. Dass Tom Robinson von der Jury freigesprochen würde, sei nicht zu erwarten gewesen. Dass die Jury sich überhaupt so lang habe beraten müssen, sei bereits ein hoffnungsvolles Zeichen. Atticus deutet an, dass einer der Geschworenen anfangs vehement einen Freispruch gefordert habe und dass es sich dabei um ein Mitglied der Cunningham-Familie gehandelt habe, aus der sich einer kurz zuvor noch unter den Männern befunden habe, die Robinson hatten lynchen wollen. Jem ist verblüfft und verwirrt. Atticus aber meint, das sei so erstaunlich nicht. Die Cunninghams würden sich rückhaltlos zu Leuten bekennen, die einmal ihre Achtung erworben hätten. Offenbar sei ihnen, den Finchs, das an jenem Abend gelungen.

Die Eigenart der Cunninghams

Jem und Scout beginnen, die Cunninghams mit neuen Augen zu sehen, und Scout äußert den Wunsch, Walter Cunningham in Zukunft öfter einzuladen. Tante Alexandra schlägt das rundweg ab; die Cunninghams seien kein Umgang für ihresgleichen.

Jem sieht Boo Radley in neuem Licht

Zuletzt versuchen Jem und Scout, sich einen Reim auf die verstörenden Eindrücke der letzten Zeit zu machen. Eine Lösung finden sie nicht, aber Jem äußert abschließend, er beginne zu verstehen, warum Boo Radley nie das Haus verlasse – er wolle einfach für sich bleiben.

Kapitel 24: Die Heuchelei der sogenannten guten Gesellschaft (S. 305–318)

Tante Alexandras Missionskreis

Am Tag vor Dills neuerlicher Abreise hat Tante Alexandra wieder einmal die Damen des Missionskreises bei sich versammelt. Scout ist in ihrem Sonntagsstaat. Jem und Dill sind unterwegs, denn Jem bringt Dill das Schwimmen bei. Die christlichen Damen äußern sich im unerschütterlichen Bewusstsein ihrer moralischen Überlegenheit über die zurückliegenden Ereignisse. Sie empören sich über den Mangel an guter Laune, die ihre schwarzen Hausangestellten nach der Verurteilung von Tom Robinson vorübergehend an den Tag gelegt hätten. Taktlos wird – im Hause von Atticus Finch und als Gäste von dessen Schwester – auch die fehlgeleitete Nächstenliebe von Männern getadelt, die man besser nicht beim Namen nenne. Ungewöhnlich früh kehrt Atticus nach Hause zurück. In der Küche teilt er seiner Schwester und Miss Maudie in Anwesenheit von Scout mit, dass Tom Robinson einen Fluchtversuch aus der Gefängnisfarm Enfield unternommen habe und dabei erschossen worden sei. Die Familie muss noch informiert werden. Calpurnia soll ihn begleiten. Tante Alexandra und Miss Maudie sind tief bestürzt, lassen sich jedoch nichts anmerken, als sie zu den Missionsdamen zurückkehren. Scout folgt ihrem Beispiel.

Tom Robinsons Tod

Kapitel 25: Reaktionen auf den Tod von Tom Robinson (S. 319–323)

Dill hat Scout berichtet, wie Tom Robinsons Frau unter der Nachricht vom Tod ihres Mannes zusammengebrochen ist. Dill und Jem waren zuvor auf dem Rückweg vom Schwimmen auf Atticus getroffen, der sie in den Wagen einsteigen ließ.

Für kurze Zeit bildet der Tod von Tom Robinson in der Stadt Anlass zu selbstgerechtem Geschwätz. Alle Vorurteile über Schwarze scheinen durch seinen sinnlosen Fluchtversuch bestätigt. Nur

Mr Underwoods Artikel in der *Maycomb Tribune*

Mr Underwood veröffentlicht in der *Maycomb Tribune* einen leidenschaftlichen Artikel, in dem er es als Sünde bezeichnet, einen Krüppel zu töten.

Über Bob Ewell ist zu hören, er habe geäußert, nun seien nur noch zwei zu erledigen. Jem spielt diese Drohung nach dem Vorbild seines Vaters vor Scout herunter und befiehlt ihr, Atticus nichts davon zu erzählen.

Kapitel 26: Weitere Beispiele für Heuchelei und Doppelmoral (S. 324–331)

Scouts verändertes Interesse an Boo Radley

Das neue Schuljahr beginnt. Jem besucht nun die High School, Scout geht in die dritte Klasse. Auf dem Heimweg kommt sie wieder täglich am Haus der Radleys vorbei. Sie schämt sich inzwischen der ehemaligen dreisten Versuche, Boo aus dem Haus zu locken. Sie stellt sich vor, wie es wäre, mit ihm ganz normalen nachbarlichen Kontakt zu haben, weiß aber, dass das nie geschehen wird.

Am Verhalten ihrer Mitschüler merkt Scout, dass deren Eltern sich kritisch über Atticus geäußert haben. Scout wundert sich, dass Atticus trotzdem wie jedes Jahr mit breiter Mehrheit als Abgeordneter in die gesetzgebende Versammlung von Alabama gewählt wird.

Scout wundert sich über ihre Lehrerin

In der Schule wird über Hitler und die Drangsalierung der Juden in Deutschland gesprochen. Scouts Lehrerin streicht den Unterschied zwischen der Demokratie in den Vereinigten Staaten und einer Diktatur wie in Deutschland heraus. Sie erklärt, es sei ihr ein Rätsel, warum Hitler sich so gegen die Juden stelle; es gebe keine besseren Menschen als sie. Scout wundert sich abermals, denn in der Nacht von Tom Robinsons Verurteilung hat sie auf den Stufen des Gerichtsgebäudes mitbekommen, wie Miss Gates zu Miss Stephanie Crawford gesagt hat, es sei an der Zeit gewesen, diesen Leuten eine Lehre zu erteilen, sie hätten wohl schon geglaubt, demnächst weiße Frauen heiraten zu können. Als Scout ihm das erzählt, reagiert Jem außerordentlich gereizt. Er versucht, wie Atticus später Scout erklärt, sich von den zurückliegenden Ereignissen abzuschotten, die er erst später richtig wird verarbeiten können.

Kapitel 27: Bob Ewell gibt keine Ruhe; ein Fest wird vorbereitet (S. 332–340)

Bob Ewell attackiert Richter Taylor und Tom Robinsons Witwe

Im Oktober scheint sich die Lage allmählich zu beruhigen. Doch kommt es zu drei bemerkenswerten Vorfällen: Bob Ewell erhält einen Job und wird nach wenigen Tagen wegen Faulheit wieder entlassen. Einer Angestellten im Wohlfahrtsamt sagt er, Atticus trage die Schuld an seiner Entlassung. Bei Richter Taylor versucht ein Unbekannter einzubrechen, und Tom Robinsons Witwe wird auf dem Weg zur Arbeit von Bob Ewell beschimpft und verfolgt. Mr Deas, der sich ihrer nach dem Tod ihres Mannes, seines einstigen Angestellten, angenommen hat, tritt Ewell furchtlos entgegen, woraufhin der sich zurückzieht.

Vorbereitungen für eine Schulfeier an Halloween

Um die Kinder der Stadt dieses Jahr von allzu übermütigen Streichen abzuhalten, planen die Damen der Gesellschaft, Halloween mit einer organisierten Feier und offiziellem Programm zu begehen. Mrs Merriweather, die christlichste aller Damen der Stadt, hat für diesen Anlass ein patriotisches Schauspiel verfasst. Einige Kinder erhalten stumme Rollen. Sie stellen Produkte der Region vor. Scout tritt als Schinken auf. Aus Draht und Stoff wird ein entsprechendes Kostüm für sie hergestellt. Zu ihrer Enttäuschung erklären ihr Vater und ihre Tante, auf die Aufführung verzichten zu wollen, die in der Aula der High School stattfindet. Jem wird Scout begleiten.

Kapitel 28: Nächtlicher Überfall (S. 341–357)

Die Schulaufführung

Als sich Jem und Scout auf den Weg zum Fest machen, ist es bereits stockfinster. Auf dem Schulhof lauert ihnen Cecil Jacobs auf, um sie zu erschrecken. Das Schauspiel von Mrs Merriweather bildet den Höhepunkt des Festes. Scout verpasst ihren Einsatz, weil sie zuvor vor Langeweile eingeschlafen ist. Hinterher schämt sie sich ein bisschen und bittet Jem, mit ihr zu warten, bis alle gegangen sind. Das Schinkenkostüm behält sie auf dem Rückweg an. Sie tasten sich über das unbeleuchtete Gelände und sehen kaum die Hand vor den Augen. Nur Scouts Kostüm leuchtet ein wenig. Bald merken sie, dass sie verfolgt werden. Scout glaubt, dass Cecil seinen Spaß wiederhole, und ruft laut, dass er entdeckt sei. Der Verfolger verharrt schweigend. Die Kinder bekommen es mit der Angst zu tun. Dann rennt der Verfolger auf sie zu. Die Kinder versuchen zu fliehen. Scout stürzt. Es kommt zum Kampf. Jem wird verletzt. Scout wird gepackt und fast erdrückt. Doch jemand eilt ihr zu Hilfe. Ihr Retter trägt Jem zur Straße und zum Haus von Atticus. Scout rafft sich auf und trifft kurz nach den beiden ein.

Heimtückischer Überfall auf Jem und Scout – der geheimnisvolle Retter

Atticus und Tante Alexandra stürzen herbei. Jem wird in sein Bett gebracht. Der Fremde, der Jem und Scout gerettet hat, steht an der Wand gelehnt in einer Ecke und verhält sich still. Dr. Reynolds kommt und untersucht die Kinder. Jems Arm ist gebrochen und steht in verkehrter Richtung ab. Die übrigen Verletzungen der Kinder sind harmlos. Mr Tate, der Sheriff, trifft etwas später ein, nachdem er zuvor den Tatort untersucht hat. Dort ist er auf die Leiche von Bob Ewell gestoßen, zwischen dessen Rippen ein Küchenmesser steckt.

Der Tod des Angreifers

Kapitel 29: Scouts Bericht (S. 358–362)

Das „Gespenst“ als Retter

Im Zimmer von Jem erzählt Scout dem Sheriff, wie sie den Überfall erlebt hat. Mr Tate meint, dass ihr Kostüm ihr vermutlich das Leben gerettet habe. Atticus ist fassungslos, dass Bob Ewell tatsächlich auf den krankhaften Gedanken gekommen ist, die beiden Kinder umzubringen. Mr Tate zeigt sich weniger überrascht. Als Scout mit ihrem Bericht an dem Punkt angekommen ist, als ihnen unverhofft

Hilfe erschienen ist, zeigt sie auf die Nachfrage des Sheriffs hin auf den Fremden, der sich daraufhin unbehaglich und verlegen noch enger an die Wand drückt. Auf einmal erkennt Scout, wen sie vor sich hat. Während der Fremde ein ängstliches Lächeln versucht und ihr die Tränen in die Augen schießen, spricht sie ihn an: "Hey, Boo".

Kapitel 30: Atticus beugt sich dem Willen des Sheriffs (S. 363–370)

Die schwierige Frage der Verantwortung für Bob Ewells Tod

Auf den Vorschlag von Atticus hin begeben sich Scout, Arthur Radley, Mr Tate und Atticus selbst auf die vordere Veranda. Scout und Arthur Radley sitzen schweigsam in der dunkelsten Ecke. Atticus äußert gegenüber dem Sheriff, dass Jem sich für die wenn auch zweifellos aus Notwehr erfolgte Tat vor Gericht werde verantworten müssen. Mr Tate hingegen erklärt, Bob Ewell sei in sein eigenes Messer gestürzt. Atticus sieht darin einen gutgemeinten Versuch, die Wahrheit zu vertuschen, und lehnt ein solches Vorgehen ab. Wenn er sich darauf einlasse, könne er seinen Kindern in Zukunft nicht mehr in die Augen sehen. Beide Männer bleiben stur. Schließlich meint Mr Tate zu Atticus, er sei aufgrund seines Schocks offenbar momentan nicht in der Lage, zwei und zwei zusammenzuzählen. Er denke gar nicht an Jem. Ohne einen Namen zu nennen, macht er Atticus deutlich, dass Arthur Radley Bob Ewell erstochen hat, um die Kinder zu retten. Das Küchenmesser, das noch im Körper des Toten steckt, ist das von Arthur. Das Messer, das Bob Ewell bei sich trug, hat der Sheriff an sich genommen. Käme die ganze Wahrheit ans Licht, so Mr Tate, würde ein scheuer Mensch, der gerade dem Gemeinwohl einen großen Dienst erwiesen habe, unweigerlich von allen Seiten ins Rampenlicht gezerrt. Das könne und werde er nicht verantworten. Atticus sieht ein, dass Mr Tate recht hat. Er fragt Scout, ob sie verstehen könne, dass Mr Ewell in sein eigenes Messer gefallen sei? Scout sagt, sie könne das sehr gut ver-

Die pragmatische Vernunft und Menschlichkeit des Sheriffs

stehen. Atticus lässt Scout mit Arthur allein, nachdem er diesem dafür gedankt hat, dass seine Kinder noch am Leben sind.

Kapitel 31: Scout geleitet Arthur Radley nach Hause (S. 371–376)

Arthur Radley und Scout

Arthur Radley, der die ganze Zeit noch kein Wort gesprochen hat, gibt Scout stumm zu verstehen, dass er Jem noch einmal sehen möchte. Sie führt ihn in Jems Zimmer und ermutigt ihn, ihren schlafenden Bruder zu streicheln. Dr. Reynolds hat ihm ein starkes Mittel gegeben. Zurück auf der Veranda bittet Arthur sie mit schüchterner Stimme, ihn nach Hause zu bringen. Sie reicht ihm wie eine Lady den Arm und lässt sich von ihm zum Radley-Haus führen. Dort verabschiedet er sich stumm von ihr und geht ins Haus. Sie sieht ihn nie wieder.

Scouts Rückblick auf die vergangenen zweieinhalb Jahre aus Arthurs Perspektive

Bevor Scout heimkehrt, bleibt sie noch einen Moment auf der Veranda stehen. Im Lichtschein der Straßenlaternen betrachtet sie die Nachbarschaft aus der Perspektive Arthurs. In ihrer Phantasie wird es Tag, und sie erlebt noch einmal im Zeitraffer die Ereignisse der vergangenen zweieinhalb Jahre, so wie Arthur sie aus seiner geschützten Beobachtungsposition heraus wahrgenommen haben muss. Dann kehrt sie im Gefühl heim, dass es für sie nicht mehr viel zu lernen gibt, bis sie erwachsen geworden ist.

Sie findet ihren Vater im Zimmer von Jem – und als er sie zu Bett bringt, wird deutlich, dass Scout sich ihre Kindlichkeit bewahrt, zugleich aber aus ihren ernsten Erlebnissen die richtigen Schlüsse gezogen hat und innerlich reifer geworden ist.

3.3 Aufbau

ZUSAMMEN-FASSUNG

- → Beide Teile des Romans weisen einen eigenen Handlungsschwerpunkt auf.
- → Diese beiden Teilhandlungen werden durch das übergreifende Thema des Außenseitertums bzw. sozialer Ausschließungsmechanismen miteinander verbunden.
- → Der erste Teil des Romans weist eine eher episodische Struktur auf, der zweite ist um ein Zentralereignis herum komponiert.
- → Der erste Teil des Romans wirkt lebensechter und absichtsloser als der zweite Teil, der die Autorin als engagierte Moralistin zeigt; gleichwohl sind die ‚Botschaften' des zweiten Teils untergründig auch bereits im ersten Teil präsent.
- → Im sorgfältig motivierten und dennoch etwas konstruiert wirkenden Schluss führt die Autorin beide Handlungsschwerpunkte der Romanhandlung zusammen.

Zwei Handlungsschwerpunkte und ein übergreifendes Thema

Harper Lees Roman wird inhaltlich durch zwei Handlungsschwerpunkte und ein übergreifendes Thema zusammengehalten. Das übergreifende Thema liegt in der Frage nach dem Umgang mit gesellschaftlichen Außenseitern. Die beiden Handlungsschwerpunkte bilden die **Schicksale von Arthur („Boo") Radley** auf der einen **und Tom Robinson** auf der anderen Seite. Arthur Radley wird von seiner Familie so lange unter Verschluss gehalten, bis er selbst eine unüberwindliche Menschenscheu entwickelt und als Mitbürger zu einem bloßen Phantom wird, um das sich die bizarrsten Gerüchte ranken und das so die Neugier der Nachbarskinder auf sich zieht.

Tom Robinson ist zwar ein geachtetes Mitglied der Gemeinschaft der farbigen Einwohner der Stadt, aber als Schwarzer in einer von Weißen dominierten Gesellschaft von vornherein ein Außenseiter. Sein Wort gilt weniger als das selbst des verachtetsten weißen Mitbürgers. Aus Rassenvorurteilen heraus wird er fälschlich eines Kapitalverbrechens für schuldig gesprochen und in den Tod getrieben.

Zeitraum der Handlung

Die Handlung des Romans ist in **zwei Teile und 31 Kapitel** untergliedert. Der erste Teil ist kürzer als der zweite (ca. fünf Zwölftel gegen sieben Zwölftel des Gesamtumfangs) und enthält deutlich weniger Kapitel (elf Kapitel gegen 20 im zweiten Teil). Er deckt jedoch einen weitaus größeren Handlungszeitraum ab: Dieser reicht **vom Frühsommer 1933 bis zum Frühjahr 1935**. Die Handlung des zweiten Teils erstreckt sich hingegen lediglich über die Monate vom **Anfang der Sommerferien 1935 bis Ende Oktober desselben Jahres**.

Verdichtung der Handlung und Verlangsamung des Erzähltempos im zweiten Teil des Romans

Im zweiten Teil des Romans kommt es demnach zu einer Verdichtung der Handlung und zu einer tendenziellen Verlangsamung des Erzähltempos. Im Mittelpunkt dieses zweiten Teils steht der Tag der Gerichtsverhandlung, der in den August 1935 fällt. Ein genaues Datum wird nicht genannt. Der Bericht über diesen Tag ist auf sechs Kapitel verteilt (Kapitel 16 bis 21). Er umfasst ein Fünftel des Gesamttextes. Rechnet man die unmittelbare Vorgeschichte des Prozesstages in Kapitel 15 und die Nachbetrachtung seines Ausgangs in den Kapiteln 22 und 23 noch hinzu, so nimmt der Bericht von diesem zentralen Ereignis beinahe ein Drittel des Romans ein. Die restlichen Kapitel des zweiten Teils sind ebenfalls thematisch von diesem Ereignis abhängig. Die Kapitel 24 bis 31 schildern die teils dramatischen Nachwirkungen von Tom Robinsons Verurteilung und Atticus' Auftreten als dessen Verteidiger; die Kapitel 12 bis 14 zeigen, wie sich das Leben der unmittelbar und mittelbar von dem Prozess Betroffenen (vor allem die Familien Robinson und

Finch) schon im Vorfeld der Verhandlung verändert. Sogar in den letzten Kapiteln des ersten Teils wirft der bevorstehende Prozess bereits seine düsteren Schatten voraus (vgl. die Kapitel 9 und 11).

Episodische Struktur des ersten Teils

Sind die Kapitel des zweiten Teils des Romans auf ein Zentralereignis bezogen, so besteht der erste Teil eher aus einer Folge von Episoden, die den Leser mit dem Leben und der Kindheit in einer Kleinstadt des amerikanischen Südens zur Zeit der großen Wirtschaftskrise in den 1930er Jahren bekannt machen. In einem Interview hat Harper Lee betont, dass es ihr gerade auf diesen Aspekt der Allgemeingültigkeit besonders angekommen sei:

> "Miss Lee tried hard to put on record a universal and classical 'slice of life'. She believes the book's setting could have been the Mississippi Delta, Georgia, or West Florida – 'people are people anywhere you put them.' It is her hope that all Southern readers of her novel will say: This is my town."[14]

Das Geschehen dieses ersten Teils ist auf **acht Handlungseinheiten** verteilt:

Freundschaft und der Kitzel des Geheimnisvollen

1. Im Sommer 1933 lernen Scout und Jem Dill kennen und beginnen auf seine Anregung hin, sich dem Radley-Haus und seinem geheimnisvollen Insassen zu nähern (Kapitel 1).

Die soziale Schichtung der Kleinstadt

2. Anlässlich von Scouts erstem Schultag im September 1933 wird der Leser mit der sozialen Bandbreite des Städtchens jenseits der unmittelbaren Nachbarschaft der Finch-Familie bekannt gemacht. Walter Cunningham (Kapitel 2 und 3) sowie Burris Ewell (Kapi-

---

14 Joseph Deitch: Harper Lee: Novelist of the South. In: Christian Science Monitor, 3. Oktober 1961, S. 6. Zitiert nach: Bloom, *Bloom's Notes*, S. 33.

tel 3) stehen für ganz unterschiedliche Haltungen von Familien, die in Armut leben: Sauberkeit, Leistungsbereitschaft, Reichtum an praktischen Kenntnissen und Selbstachtung einerseits und äußere Vernachlässigung, Liederlichkeit, Unverschämtheit und Widerwillen gegen jede Art von Anstrengung andererseits.

Versuche der Kontaktaufnahme zwischen dem Außenseiter und den Kindern

3. Im Sommer 1934 setzen die Geschwister zusammen mit Dill ihre Bemühungen fort, mit Boo Radley Kontakt aufzunehmen: Scout rollt in einem Reifen gegen die Veranda des Radley-Hauses, die Kinder beginnen, Szenen aus Boos Leben zu einem Drama zusammenzufügen; sie versuchen, Boo eine Nachricht zukommen zu lassen und im Schutze der Nacht einen Blick in das Haus zu werfen (Kapitel 4 bis Anfang von Kapitel 7). Bemerkenswerterweise bildet Arthurs eigener Annäherungsversuch den Auftakt dieser Ereignisse: Er deponiert gegen Ende des Schuljahres in dem Astloch der vor dem Grundstück der Radleys stehenden Eiche ein Geschenk, das von Scout gefunden wird (Anfang von Kapitel 4).

Interventionen der ‚Erwachsenenwelt'

4. Im Herbst desselben Jahres füllt Mr Nathan Radley das Astloch, in dem Scout und Jem zuvor noch eine Reihe weiterer Geschenke vorgefunden haben, mit Zement (Kapitel 7). Diese Maßnahme zur Unterbindung einer Fortsetzung der Kommunikation zwischen Boo und den Geschwistern stellt innerhalb des Romans einen ersten Akt der Grausamkeit gegenüber den Schwachen und Harmlosen dar, der gleichsam ein Vorspiel zu ähnlich gelagerten Grausamkeiten darstellt, die noch folgen werden.[15]

Haltung bewahren

5. Ein anderes wichtiges Thema wird im folgenden Kapitel 8 eingeführt: die Fähigkeit mutiger Menschen, angesichts schwieriger Umstände und persönlicher Heimsuchungen Haltung zu bewahren.[16] Im Winter 1934 brennt das Haus von Miss Maudie Atkinson

---

15 Vgl. Anna Guillemins Strukturanalyse des Romans in: Bloom, *Bloom's Notes*, S. 11–22, dort S. 13.
16 Vgl. ebd.

ab. Sie nimmt den Schicksalsschlag jedoch gelassen und gegenüber den Kindern sogar mit Humor hin. Arthur Radley gelingt es bei dieser Gelegenheit, Scout ein Zeichen seiner Zuneigung und Fürsorge zukommen zu lassen, ohne dabei von ihr bemerkt zu werden.

"This time (...) we're fighting our friends"

6. Wenig später müssen Scout und Jem lernen, mit dem Vorwurf umzugehen, ihr Vater sei ein "Niggerfreund" und ziehe damit Schande auf sich. An Weihnachten 1934 wird offenbar, dass das nicht nur die Meinung fremder Menschen ist, sondern dass auch Angehörige der eigenen Familie Atticus' Engagement für Tom Robinson zumindest mit zwiespältigen Gefühlen betrachten (Kapitel 9). Atticus bringt das daraus entstehende Dilemma auf den Punkt, wenn er Scout erklärt: "'This time we aren't fighting the Yankees, we're fighting our friends. But remember this, no matter how bitter things get, they're still our friends and this is still our home.'" (S. 101 f.) Atticus verpflichtet seine Kinder, insbesondere die hitzköpfige Scout, auf Gewaltlosigkeit. Wie schwer es indessen fällt, sich nicht gegen Provokationen zur Wehr zu setzen, zeigt Scouts Faustschlag gegen ihren gehässigen Neffen Francis.

Besonnenheit und Gewaltverzicht als Zeichen innerer Stärke

7. Im Frühjahr 1935 erschießt Atticus einen tollwütigen Hund (Kapitel 10). Die Kinder lernen, dass ihr Vater, der alle Waffengewalt ablehnt, ein Meisterschütze ist. Gewaltverzicht resultiert demnach nicht immer aus der bloßen Unfähigkeit, selbst Gewalt auszuüben. In dieser Episode wird zudem deutlich, wie sehr die Stadt darauf angewiesen ist, dass Atticus auf seine besonnene Art bereit ist, das Gemeinwesen zu schützen.

Respekt auch vor Menschen, die sich nicht wie Freunde verhalten

8. Die letzte Episode des ersten Teils nimmt das Thema der sechsten Handlungseinheit auf: Wieder geht es um die Selbstbeherrschung, die Gewaltlosigkeit verlangt, um Vorurteilslosigkeit, Tapferkeit und darum, unbeirrt seinen Weg zu gehen. Jem, der seinem Vater später immer ähnlicher werden wird, lässt sich hier durch schwere Provokationen noch zu einer unbeherrschten Reaktion hinreißen. Am

Ende der Episode, nach dem Tod von Mrs Dubose, lernt er, dass man die Einstellungen und Äußerungen von anderen Menschen verabscheuen kann, ohne ihnen deshalb das Mitgefühl und den Respekt als leidende und mutige Menschen zu versagen. Der Mut, mit dem Mrs Dubose ihren aussichtslosen Kampf kämpft, um im Sterben ihren freien Willen wiederzuerlangen und damit ihre Würde zu bewahren, hat viel Ähnlichkeit mit dem Mut, den Atticus im zweiten Teil des Romans bei der Verteidigung von Tom Robinson unter Beweis stellt.[17]

Thematische Verwobenheit beider Romanteile

Diese Hinweise machen deutlich, dass die beiden Teile des Romans nicht beziehungslos nebeneinanderstehen, sondern durch verschiedene Themen und Motive der Handlung aufeinander bezogen sind. Offenbar war das in der **ersten Fassung**, die Harper Lee 1957 beim Verlag J. B. Lippincott einreichte, noch nicht der Fall. Dafür sprechen jedenfalls die Äußerungen von Harper Lees Lektorin Tay Hohoff: "It was more a collection of short stories than a true novel." Auch an der ersten Überarbeitung durch die Autorin wurde seitens des Verlags noch "a lack of unity" moniert.[18] Erst zweieinhalb Jahre später war die Druckfassung des Romans fertig.

Die Zusammenführung der Haupthandlungen im Schluss des Romans

Man wüsste gern, welche **Änderungen** die Lektorin konkret vorgeschlagen hat. Auffällig ist jedenfalls, dass das Buch, in dem vieles so erscheint, als sei es unmittelbar aus dem Leben genommen, einen konstruiert wirkenden Schluss enthält, in dem die Handlung um Boo Radley mit der um Tom Robinson auf dramatische Weise kurzgeschlossen wird: Boo tötet Bob Ewell, um 'seine' Kinder zu retten (vgl. S. 374), die durch das mutige Auftreten ihres Vaters vor Gericht in Lebensgefahr geraten sind. Innerhalb der Logik des

---

17 Vgl. ebd., S. 16.
18 Beide zitiert nach: O'Neill, S. 17 f.

Romans ist das eine überzeugende Auflösung der Spannungslinien, die zuvor aufgebaut wurden: Wann bekommen die Kinder – beziehungsweise: bekommt Scout – endlich Boo Radley zu Gesicht? Was führt der öffentlich gedemütigte Bob Ewell im Schilde? Und auf welche Weise wird er die Schuld abzubüßen haben, die er durch die Vernachlässigung seiner Kinder und durch sein falsches Zeugnis gegen Tom Robinson auf sich geladen hat? Im wirklichen Leben aber – so das unwillkürliche Gefühl des Lesers dieses über weite Strecken so lebensecht wirkenden Romans – wäre das wohl nicht passiert.

Auffällig konstruiertes Ende einer bis dahin ganz lebensecht wirkenden Erzählung

Dabei ist der Schluss zweifellos sorgfältig motiviert: Die Topographie des Romans sorgt dafür, dass Jem und Scout auf dem Heimweg von dem Fest nahe am Radley-Haus vorbeikommen, nachdem sich Scout bei der Aufführung ein wenig blamiert hat und nun die beleuchtete Straße und die Begegnung mit den anderen Besuchern des Festes lieber vermeidet; dass Arthur Radley das Leben der Geschwister intensiv und teilnehmend verfolgt, wurde schon vorher deutlich; der Umstand, dass Jem und Scout auf dem Weg zum Fest von Cecil Jacobs erschreckt worden sind, führt dazu, dass Scout auf dem Rückweg laut ruft, bevor sie und Jem überfallen werden; auch die Merkwürdigkeit, dass Arthur Radley offenbar als Einziger dieses Rufen vernommen hat, fällt nicht unter den Tisch und findet eine nachvollziehbare Erklärung (vgl. S. 359 f.). Und dennoch – beziehungsweise vielleicht auch gerade *wegen* dieser besonders sorgfältigen Motivierung – fehlt dieser Episode, in der die Handlung des Romans kulminiert, jene Natürlichkeit, die das Buch sonst über weite Strecken auszeichnet.

Gründliche Motivierung dieses konstruierten Schlusses

Auch der Endfassung des Buches ist also eine gewisse Heterogenität und künstlerische Uneinheitlichkeit anzumerken. Der erste Teil, die durchaus nostalgische Heraufbeschwörung einer Kindheit im amerikanischen Süden, wirkt ganz aus erster Hand; der zweite,

Ein gewisses Maß an künstlerischer Uneinheitlichkeit

	Teil 1	Teil 2	
Umfang	Kapitel 1–11, ca. 5/12 des Gesamtumfangs	Kapitel 12–31, ca. 7/12 des Gesamtumfangs; davon Kapitel 15–23: Prozess (= ca. 1/3 des Gesamtumfangs)	
Erzählweise	episodisch		auf das Zentralereignis bezogen
Erzählzeit	Frühsommer 1933–Frühjahr 1935		Mitte Oktober 1935

Zunehmende Verdichtung der Handlung und tendenzielle Verlangsamung des Erzähltempos

der das politische Anliegen der Autorin enthält, erscheint dagegen weniger unmittelbar erlebt und eher aus zweiter Hand, ungeachtet der persönlichen Erfahrungen Harper Lees als Kind eines Anwalts, die auch hier momentweise für große Authentizität sorgen. Diese Uneinheitlichkeit hat der 1922 geborene Dramatiker und Drehbuchautor Harding Lemay in seiner Rezension des Romans in der *New York Herald Tribune Book Review* bei aller Sympathie für das Buch scharf betont:

> "In her first novel, *To Kill a Mockingbird*, Harper Lee makes a valiant attempt to combine two dominant themes of contemporary Southern fiction – the recollection of childhood among village eccentrics and the spirit-corroding shame of the civilized white Southerner in the treatment of the Negro. (…) her attempt fails to produce a novel of stature (…). The two themes Miss Lee interweaves throughout the novel emerge as enemies of each other. The charm and wistful humor of the childhood recollections do not foreshadow the deeper, harsher note which pervades the later pages of the book. The Negro, the poor white girl who victimizes him, and the wretched community spirit that defeats him, never rise in definition to match the eccentric, vagrant, and appealing

> characters with which the story opens. The two worlds remain solitary in spite of Miss Lee's grace of writing and honorable decency of intent."[19]

Dieses Urteil erscheint insgesamt überzogen. Die ihm zugrunde liegende Beobachtung einer gewissen Unausgewogenheit im Aufbau des Werkes lässt sich aber kaum bestreiten.

---

19 Harding Lemay: Children Play; Adults Betray. In: New York Herald Tribune Book Review, 10. Juli 1960, S. 5. Zitiert nach: Bloom, *Bloom's Notes*, S. 27 f.

3.4 Personenkonstellation und Charakteristiken

ZUSAMMEN-
FASSUNG

Die drei **Hauptfiguren** des Romans sind die Erzählerin Scout, ihr Bruder Jem und ihr Vater Atticus:

- → Scout ist impulsiv und jungenhaft, für ihr Alter erstaunlich klug und einsichtsvoll, zugleich aber auch kindlich naiv.
- → Jem wäre einerseits gern ein normaler Junge, was als Sohn von Atticus Finch nicht so einfach ist, begeistert sich für Football, identifiziert sich aber andererseits auch mit seinem Vater, will ebenfalls Rechtsanwalt werden und entwickelt im Laufe des Romans so viel Besonnenheit, Mut und Verantwortungsgefühl, dass er seinem Vater in diesen Tugenden zuletzt kaum mehr nachsteht.
- → Dieser, Atticus Finch, ist ein Mann von unbedingter Integrität. Als solcher genießt er das Vertrauen seiner Mitbürger, stellt für viele von ihnen aber auch eine Zumutung dar, die im Extremfall in Feindseligkeit umschlagen kann.

Wichtige **Nebenfiguren** des Romans sind:

- → Calpurnia, die schwarze Haushälterin der Finchs, und Scouts Tante Alexandra, die verschiedene Welten verkörpern und in mancher Beziehung in Konkurrenz zueinander stehen,
- → ferner Scouts und Jems unternehmungslustiger, phantasievoller und empfindsamer Freund Dill;
- → die Nachbarin Miss Maudie Atkinson, die Atticus' Besonderheit am besten versteht und am meisten schätzt und Scout manche gute Einsicht vermittelt;

- → ferner der geheimnisvolle und, wie sich herausstellt, sehr gutartige Arthur Radley,
- → sowie der ebenso gutartige Tom Robinson, der dem tiefsitzenden Rassismus der weißen Bevölkerungsmehrheit zum Opfer fällt.

Weitere **Personengruppen** in diesem figurenreichen Roman sind die anderen Mitglieder der Familie Finch, die meist älteren Personen der Nachbarschaft, die selbstgerechten Frauen von Tante Alexandras christlichem Zirkel, die Gemeinde der Schwarzen, die hart um ihre wirtschaftliche Existenz kämpfende weiße Landbevölkerung, die in dumpfem Ressentiment verharrenden Sozialhilfeempfänger und die gebildeten Personen, mit den Atticus beruflich zu tun hat.

Figurenpanorama

Figurenreichtum des Romans

"(...) this is a novel absolutely loaded with people", schrieb Richard Sullivan 1960 in seiner überaus positiven Rezension von *To Kill a Mockingbird*.[20] Tatsächlich ist es ein ganzes **Panorama** von Figuren, das sich vor dem inneren Auge des Lesers ausbreitet. Es umfasst den Ausschnitt der Gesellschaft von Maycomb, der den Erfahrungshorizont der Hauptfigur und Erzählerin Scout zum Zeitraum der Handlung, zwischen ihrem sechsten und achten Lebensjahr, ausmacht.

Scouts Familie

Da ist zunächst ihre **Familie**: Die Kernfamilie besteht aus Scout, ihrem Vater Atticus und ihrem vier Jahre älteren Bruder Jem. Aber

---

20 Richard Sullivan: Engrossing First Novel of Rare Excellence. In: Chicago Sunday Tribune Magazine of Books, 17. Juli 1960, S. 1. Zitiert nach: Bloom, *Bloom's Notes*, S. 29.

auch die schwarze Köchin und Haushälterin Calpurnia ist ein unverzichtbarer Bestandteil dieser engeren Familie. Weitere Verwandte sind Scouts Tante Alexandra, ihr Onkel Jack sowie Alexandras Ehemann Jimmy und ihr Enkel Francis. Wichtiger als diese Verwandten sind die Nachbarn, die zur engeren Welt der täglichen Erfahrung gehören. Die **Nachbarschaft** besteht vorwiegend aus älteren, oft alleinstehenden Menschen. Die meisten von ihnen sind Frauen: Miss Maudie Atkinson, Miss Stephanie Crawford[21] und Dills Tante Miss Rachel Haverford.[22] Nur Mr Avery[23] vertritt das männliche Element. Auch die Radley-Familie (die strenggläubigen, lebensfeindlichen Radleys, der ihnen sehr ähnliche ältere Sohn Nathan sowie dessen jüngerer Bruder Arthur "Boo") gehört zur Nachbarschaft, nimmt aber in ihr einen Sonderstatus ein, indem sie sich von allen anderen fernhält. Die alte, auf den Rollstuhl angewiesene und an ihr Haus gebundene Mrs Dubose ist den Radleys in dieser Hinsicht vergleichbar. Sie gelangt jedoch nur in einem Kapitel, dem 11., ins Blickfeld der Geschehnisse.

Die Nachbarn der Finchs

Der Kreis christlicher Damen

Tante Alexandra rückt im Laufe des Romans aus der Peripherie ins Zentrum, als sie auf unbestimmte Zeit von Finch's Landing nach Maycomb übersiedelt, im Haus ihres Bruders Quartier nimmt und somit Teil der beiden wichtigsten Bezugsgruppen der Hauptfigur wird: der engeren Familie von Scout und der Frauen der Nachbarschaft. Sie lädt darüber hinaus noch christliche Damen aus der sogenannten besseren Gesellschaft ins Haus, die ein neues Element bigotter Selbstgefälligkeit und moralischer Heuchelei einbringen, das bis dahin bei den Finchs nicht heimisch ge-

21 Vgl. S. 13 f., 52 f., 59, 213, 287, 289–291, 307 f., 323–325.
22 Vgl. S. 7 f., 73 f., 189, 286–288.
23 Vgl. S. 67 f., 80, 87, 89–93, 98.

wesen ist. Mrs Grace Merriweather (vgl. vor allem Kapitel 24 und S. 338–347) steht prototypisch für diesen "vornehmen" Zirkel. Arme, wenn auch prinzipienfeste Leute wie die Cunninghams sowie farbige Menschen – beiden Gruppen gilt Scouts unvoreingenommenes Interesse – sind Tante Alexandra nicht willkommen. Sie untersagt Scout den näheren Kontakt mit **Walter Cunningham** und bezeichnet seine Familie als "trash" (vgl. S. 301).[24] Im dritten Kapitel des Romans, als Jem Walter zum Mittagessen einlädt, Atticus sich ernsthaft mit diesem unterhält und Scout von Calpurnia wegen ihrer Unhöflichkeit scharf gemaßregelt wird, kommt noch eine ganz andere Vorstellung von Gastlichkeit und Schicklichkeit zum Ausdruck. Tante Alexandra versucht diese Maßstäbe zu korrigieren und insbesondere Scouts Erfahrungshorizont zu verändern, setzt sich aber letztlich mit ihren Vorstößen nicht gegen Atticus durch.

Die Cunninghams

Gegensätzliche Vorstellungen von Schicklichkeit bei Atticus und seiner Schwester

Neben Walter Cunningham gewinnt von Scouts Mitschülern nur **Cecil Jacobs** ein eigenes – und nicht sonderlich erfreuliches – Profil.[25] Weder Walter noch Cecil können als Schulfreunde von Scout bezeichnet werden. Sie sind einfach nur Klassenkameraden. Freunde scheint Scout in der Schule nicht zu haben, was bezeichnend sowohl für ihren Charakter (mit Mädchen kann sie nichts anfangen, und die Schule ist ihr überhaupt zuwider) wie auch für die Isolation ihres Vaters unter seinen Mitbürgern (die ihn dennoch regelmäßig zu ihrem Volksvertreter wählen) ist, welche sich auf Scout überträgt. Abgesehen von ihrem Bruder ist **Dill** ihr einziger Freund. Dieser ist nur während der Sommerferien verfügbar und selbst ein ausgesprochen spezielles Kind, was viel über Scouts eigene Besonderheit

Das Fehlen von Freunden aus dem Kreis der Mitschüler

---

24 Vgl. die so ganz anders geartete Definition von "trash" durch Atticus (S. 295) und Scouts Reaktion (S. 302).

25 Vgl. S. 46, 99, 102, 327–329, 343–345.

und ihr Außenseitertum aussagt, auch wenn es ihr auf der anderen Seite immer gelingt, durch ihre ehrliche Art Sympathien (jedoch meist die Sympathien Erwachsener) auf sich zu ziehen.[26]

Bekannte von Atticus

Weitere Personen treten in Scouts Blickfeld, weil ihr Vater beruflich mit ihnen zu tun hat: Zu ihnen gehören **Sheriff Tate**[27], **Richter Taylor**[28] und **Staatsanwalt Gilmer** (der allerdings von auswärts kommt) sowie der Eigentümer und Redakteur der *Maycomb Tribune*, Mr Underwood.[29] In anderem Sinne zählt auch **Tom Robinson**, den Atticus verteidigt, zu diesen Personen. Im Rahmen der Personenkonstellation des Romans ist er aber natürlich in erster Linie Teil der schwarzen “community”, zu der Scout und Jem selbst kaum Zugang haben, der gegenüber sie aber auch keine Berührungsängste kennen, wie das Kapitel 12 (der Besuch des Gottesdienstes der schwarzen Gemeinde mit Calpurnia), die Gerichtsverhandlung (bei der sie unter den Farbigen sitzen) und das Kapitel 25 (Jem und Dill erleben mit, wie Atticus und Calpurnia **Helen Robinson** die Nachricht vom Tod ihres Mannes bringen) zeigen. Die Farbigen erscheinen ganz überwiegend in positivem Licht; sie verhalten sich (nach anfänglichem Misstrauen) herzlich (vgl. S. 159), würdevoll (vgl. S. 283) und dankbar (vgl. S. 285 f.). Ihr geistliches Oberhaupt **Reverend Sykes**, der sich als selbstbewusster und unvoreingenommener (vgl. S. 279) freundlicher Mann erweist, flößt Scout so viel Vertrauen ein, dass sie sich nicht scheut, während der sich lange hinziehenden Beratung der Jury an seine Schulter gelehnt einzuschlafen (vgl. S. 280).

---

26 Ein Beispiel hierfür bietet der seinerseits sympathische Arzt Doktor Reynolds (vgl. S. 354 f., 363 f., 367).
27 Vgl. S. 124–127, 193, 221–226, 313, 337 f., 353 u. 355–370.
28 Vgl. S. 220, 223, 230–233, 240, 243, 246–250, 252 f., 259, 261 f., 279–283, 289, 332 f.
29 Vgl. S. 197, 200, 206–209, 252, 322 f.

Die schwarze "community" von Maycomb

Der farbige Literaturkritiker Nick Aaron Ford bescheinigte Harper Lee, dass die Schwarzen in ihrem Buch keine Abziehbilder einer bestimmten politischen Haltung, sondern realistisch gesehene Personen seien:

> "Instead of stereotyped Negroes, this novel presents living, convincing characters – neither saints nor devils, neither completely ignorant or craven or foolish, nor completely wise or wholly courageous. Instead of blatant propaganda from beginning to end, the socially significant overtones do not begin to appear until the story has progressed a third of the way and then they creep in unobtrusively, as natural as breathing."[30]

Die liberalen Weißen ohne rassistische Einstellung

Aufgrund der im Allgemeinen praktizierten scharfen Abgrenzung der Weißen von den Schwarzen bilden diejenigen Weißen, die ohne rassistischen Hochmut und Berührungsängste sind, eine eigene Gruppe, selbst wenn sie sonst wenig gemein haben. **Mr Dolphus Raymond** ist ein solcher Mensch[31], **Mr Link Deas**[32] ebenso. Auch Atticus und Miss Maudie gehören zu dieser Gruppe, der wohl auch der Sheriff und der Richter zuzurechnen sind, auch wenn ihre Einstellung gegenüber den Farbigen nicht ausdrücklich deutlich wird.

---

30 Nick Aaron Ford: Battle of the Books: A Critical Survey of Significant Books by and about Negroes Published in 1960. In: Phylon 22, No. 2 (Summer 1961), S. 122 f.; zitiert nach: Bloom, *Bloom's Notes*, S. 31. Der Literaturwissenschaftler W. J. Stuckey kommt hingegen zu einem anderen Urteil: "A third defect in *To Kill a Mockingbird*, this one inherent in the author's simplistic moral, is her sentiment and unreal statement of the Negro problem. Miss Lee is so determined to have her white audience sympathize with Tom Robinson that, instead of making him resemble a human being, she builds him up into a kind of black-faced Sir Galahad, pure hearted and with a withered right arm." (Stuckey: The Pulitzer Prize Novels: A Critical Backward Look. Norman 1981, S. 196; zitiert nach: Bloom, *Bloom's Notes*, S. 44.)

31 Vgl. S. 211, 214–216, 249, 267–269.

32 Vgl. S. 255, 261, 265, 333.

Der schändliche Bodensatz der weißen Bevölkerung Maycombs

Diesen toleranten, selbstbewussten Menschen steht **Bob Ewell**[33] gegenüber, dessen Selbstwertgefühl ausschließlich auf der Überzeugung gründet, bei all seiner persönlichen Liederlichkeit dennoch etwas Besseres zu sein als jeder Schwarze. Die Ewells sind die Schande von Maycomb (vgl. S. 40) bzw. ihrer weißen Bevölkerung. Dass sich diese dennoch während des Prozesses bedingungslos solidarisch mit Bob Ewell zeigt – ohne dass er deswegen in ihrer Achtung steigt –, wirft ein scharfes Licht auf den tief eingewurzelten Rassismus der Mehrheit der weißen Bürger von Maycomb.

Scout

Scout ist **impulsiv** und jungenhaft. Nichts kann sie weniger auf sich sitzen lassen als den Vorwurf, sie benehme sich immer mehr wie ein Mädchen (vgl. S. 69). Sie meidet die weibliche Sphäre und fühlt sich unter Jungen und Männern wohl:

Scouts kindliche Unschuld

> "But I was more at home in my father's world. People like Mr Heck Tate did not trap you with innocent questions to make fun of you; even Jem was not highly critical unless you said something stupid. Ladies seemed to live in faint horror of men, seemed unwilling to approve wholeheartedly of them. But I liked them. (...) there was something about them that I instinctively liked." (S. 313)

Scouts Rolle als Erzählerin und ihre unscharfe Selbstwahrnehmung

Obwohl Scout als Erzählerin unzweifelhaft die Hauptfigur der Geschichte ist, bleibt sie als Person etwas **undeutlicher als ihr Vater Atticus und ihr Bruder Jem**. Das ist kein Widerspruch. Objekte der genauen Betrachtung und des Nachdenkens sind für die meisten

---

33 Vgl. S. 40 f., 116 f., 163 f., 173, 227–338, 244 f., 260, 291–293, 323, 332–335, 348–352, 357, 360; vgl. zudem S. 34–37 (Burris Ewell) und S. 228, 239–252 u. 256 f. (Mayella Ewell).

Menschen ihre nächsten Bezugspersonen und nicht sie selbst. Indem das Geschehen aus Scouts Perspektive erzählt wird, bleibt ihre Persönlichkeit in gewisser Hinsicht ein blinder Fleck. Hinzu kommt, dass sie als rückblickende Erzählerin dazu neigt, ihr eigenes Vermögen zum Zeitpunkt der Handlung (also als sechs- bis achtjähriges Mädchen) herunterzuspielen, Zusammenhänge zu durchschauen und die Haltungen und Handlungen anderer Menschen richtig zu deuten. Dadurch ergibt sich ein reizvoller Kontrast zwischen dem, was der Leser ahnt (weil die erwachsene Erzählerin es ihm suggeriert, indem sie beispielsweise die Reaktionen des über seine Jahre hinaus verständigen Jem schildert), und der kindlich-naiven Sicht von Scout. Durch ihr **unzureichendes Verständnis vieler Situationen** wird zudem Scouts Unschuld betont, die in einem Umfeld, in dem aufgrund der Diskriminierung der Schwarzen die meisten Menschen ihre Unschuld verloren haben, ein besonders auffälliges und sympathisches Persönlichkeitsmerkmal ist.[34] Scout ist gewissermaßen, auch wenn sie aufgrund ihrer Impulsivität durchaus ungerecht sein kann, **noch 'reinen Herzens'**. Dass sie die geradlinige Art von Männern wie Mr Tate gegenüber der Neigung der ihr begegnenden Frauen zu indirekten Manövern[35] so sehr bevorzugt, ist ein Zeichen ihrer Unverdorbenheit: Sie reagiert allergisch auf jede Art der Heuchelei. Auch **fehlt ihr alle Anlage zur Sentimentalität**, weswegen sie beispielsweise Jems empfindliche Reaktion auf

---

34 Unschuldig wirkt auch die Diskrepanz zwischen ihren mit frühreifem Selbstbewusstsein vorgetragenen halbbegriffenen Einsichten, die sie aus den Diskussionen mit ihrem Vater, aus Äußerungen von Miss Maudie oder aus der Zeitung bezieht, und ihrem eigenen kindlich-impulsiven Urteil.

35 Entsprechende Erfahrungen macht Scout am ersten Schultag mit ihrer Lehrerin Miss Caroline, die sie bestraft, um ihre eigene Verunsicherung zu überspielen. Auch Mrs Duboses unaufrichtiger Umgang mit Atticus bietet ein Beispiel weiblicher Heuchelei. Mrs Stephanie Crawford als boshafte Klatschbase und Dills Tante Miss Haverford, die zu moralischer Entrüstung neigt (vgl. S. 73), selbst aber schon am frühen Morgen zu trinken beginnt (vgl. S. 287), ergänzen das Bild, das von den christlichen Missionsdamen, allen voran Mrs Merriweather, vervollständigt wird. Und selbst Tante Alexandra agiert unaufrichtig, als sie ihren Bruder davon zu überzeugen versucht, dass er Calpurnia kündigen solle.

ihr nachlässiges Spiel mit einer Raupe für übertrieben hält: "It was probably a part of the stage he was going through, and I wished he would hurry up and get through it. He was certainly never cruel to animals, but I had never know[n] his charity to embrace the insect world." (S. 320)[36]

Scouts natürliche Intelligenz und ihre innere Entwicklung im Laufe der Romanhandlung

Dass Scout **über ihr Alter hinaus intelligent** ist, daran wird kein Zweifel gelassen. Jems Bemerkung gegenüber Dill, "Scout yonder's been readin' ever since she was born, and she ain't even started to school yet" (S. 8), steht zeichenhaft für ihre überdurchschnittliche, frühreife Aufgewecktheit. Unter dem Eindruck der Ereignisse, von denen der Roman berichtet, entwickelt sie sich weiter und bleibt nicht mehr ausschließlich auf das **Rollenbild des wilden Mädchens** fixiert. Das zeigt sich etwa in ihrem Entschluss, es Miss Maudie und ihrer Tante Alexandra gleichzutun, als diese nach der schockierenden Nachricht vom Tod Tom Robinsons so gefasst wie möglich ins Wohnzimmer zurückkehren, um sich vor den dort versammelten Missionsdamen nichts anmerken zu lassen: "After all, if Aunty could be a lady at a time like this, so could I." (S. 318) Auch die Art und Weise, wie sie am Ende auf Boo Radleys schüchterne Bitte reagiert, ob sie ihn nach Hause bringen könne, zeugt von neu gewonnener innerer Reife. Entschlossen, zu verhindern, dass Boo Radley sich den neugierigen Blicken der Nachbarschaft als bemitleidenswerte Erscheinung präsentiert, verhält sie sich für einen Moment ganz **damenhaft**:

---

36 In diesem Vorfall spiegelt sich auch das titelgebende Motiv des sinnlos getöteten Singvogels (vgl. S. 322 f.). Warum Jem hier so empfindlich reagiert, wird kurz darauf deutlich. Dill hat Scout erzählt, wie Jem und er Helen Robinsons Reaktion auf die Nachricht vom Tod ihres Mannes miterlebt haben: "'Scout,' said Dill, 'she just fell down in the dirt, like a giant with a big foot just came along and stepped on her. Just ump–' Dill's fat foot hit the ground. 'Like you'd step on an ant.'" (S. 322)

> "He almost whispered it, in the voice of a child afraid of the dark. / I put my foot on the top step and stopped. I would lead him through our house, but I would never lead him home. / 'Mr Arthur, bend your arm down here, like that. That's right, sir.' / I slipped my hand into the crook of his arm. / He had to stoop a little to accommodate me, but if Miss Stephanie Crawford was watching from her upstairs window, she would see Arthur Radley escorting me down the sidewalk, as any gentleman would do." (S. 372 f.)

Verinnerlichung des väterlichen Rates

Sie hat, wie sich zeigt (S. 373 f.), endgültig gelernt, **sich in die Haut anderer Menschen zu versetzen**, wie Atticus ihr einst geraten hat (vgl. S. 39).

Bewahrung des immer noch kindlichen Gemüts

Ihre abschließende Reflexion und die Schlussszene des Romans zeigen jedoch, dass ihr kindliches Gemüt durch die überwiegend schlimmen Eindrücke und Erlebnisse der vergangenen Monate keinen Schaden genommen hat: "As I made my way home, I thought Jem and I would get grown but there wasn't much else left for us to learn, except possibly algebra." (S. 374) Ihr Vater hält bei Jems Bett Wache. Er hat sich – aus Gewohnheit und zur Ablenkung – eines von Jems Büchern genommen und darin zu lesen begonnen. Scout bittet:

> "'Read it out loud, please, Atticus. It's real scary.' / 'No', he said. 'You've had enough scaring for a while. This is too –' / 'Atticus, I wasn't scared.' / He raised his eyebrows, and I protested: 'Leastways not till I started telling Mr Tate about it. Jem wasn't scared. Asked him and he said he wasn't. Besides, nothin's real scary except in books.'" (S. 375)

Literatur als Spiegel eigener Erlebnisse und Erkenntnisinstrument

Diese Bemerkung bezieht sich auf Arthur Radley, wie gleich darauf deutlich wird. Denn Scout kennt die Geschichte genau und kann sie selbst noch im Halbschlaf annähernd zusammenhängend wiedergeben. Sie handelt von einem Jungen, der aufgrund eines falschen Verdachts gejagt wird. Als seine Verfolger ihn, den **"Grey Ghost"**, endlich zu Gesicht bekommen, stellt sich jedoch heraus, dass er unschuldig und eigentlich sehr nett ist.[37] Ob Scout tatsächlich realisiert, dass diese Geschichte im Grunde die Geschichte ihrer eigenen Beziehung zu Boo Radley ist, bleibt offen. Sie ist aber, und das ist das Wichtigste, intuitiv in der Lage, den richtigen Schluss zu ziehen, dass man Menschen erst kennengelernt haben muss, bevor man sich eine Meinung über sie bilden darf: "'An' they chased him 'n' never could catch him 'cause they didn't know what he looked like, an' Atticus, when they finally saw him, why he hadn't done any of those things … Atticus, he was real nice …'." Und Atticus braucht nur noch zu bestätigen: "'Most people are, Scout, when you finally see them.'" (S. 376)

Kindliche Fähigkeit zur (vorübergehenden) Verdrängung schlimmer Erlebnisse

Scouts Bemerkung, dass es nichts wirklich Grauenerregendes gibt, sieht man einmal von erfundenen Gruselgeschichten ab, zeigt aber auch, dass sie die tödliche Gefahr, in der sie kurz zuvor gewesen ist, **zu ihrem eigenen Schutz verdrängt** hat. Dass ihr das gelingt, macht deutlich, dass sie sich ihre kindliche Unschuld bewahrt hat. Dass diese Verdrängung nötig ist, zeigt allerdings auch das ganze Ausmaß des Schreckens an, den sie durchlitten hat.[38]

---

37 Ironischerweise hat Jem das Buch ausgerechnet von Dill erhalten, und zwar als Preis für seinen Mut, das Radley-Haus mit seiner Hand zu berühren (vgl. S. 16–19). Diese verlorene Wette Dills bildet den Auftakt der Bemühungen der drei Kinder, das angebliche Gespenst Boo aus dem Haus zu locken.

38 Für eine ausführlichere Charakterisierung von Scout könnten folgende Seiten wichtige Belegstellen liefern: S. 30 f., 32 f., 75, 104 f., 108, 116, 202–206, 210, 238, 244, 256 f., 260 f., 282, 302, besonders 303 f., 313, 318, 331, 364, 370–376.

Jem

Jem ist zehn Jahre alt, als die Handlung einsetzt. Am Ende des Romans ist er beinahe dreizehn (vgl. S. 3). Er spielt in Scouts Erzählung eine wichtige Rolle. Die Geschwister verbringen viel Zeit miteinander, auch wenn Jem darauf Wert legt, dass Scout in der Schule – die aber, nach dem ausführlichen Bericht über den ersten Schultag, später kaum mehr einer Erwähnung wert erscheint – Abstand hält (vgl. S. 20 f.), und mit zunehmendem Alter das Bedürfnis entwickelt, mehr für sich zu sein:

Enge Gemeinschaft der Geschwister

> "Jem was twelve. He was difficult to live with, inconsistent, moody. His appetite was appalling, and he told me so many times to stop pestering him I consulted Atticus: 'Reckon he's got a tapeworm?' Atticus said no, Jem was growing. I must be patient with him and disturb him as little as possible." (S. 153)

Jems Interesse verlagert sich mit der Zeit von den kindlichen Aktivitäten, die ihn im ersten Teil des Romans mit Scout und, während der Sommerferien, mit Dill beschäftigt haben, ganz auf das Football-Spiel: "He went out for football, but was too slender and too young yet to do anything but carry the team water buckets. This he did with enthusiasm; most afternoons he was seldom home before dark." (S. 324) Jems wachsende Football-Leidenschaft signalisiert zunächst sein **Bedürfnis, ein ganz normaler Junge zu sein** – er leidet darunter, dass sein Vater sich so sehr von den jüngeren, sportbegeisterteren Eltern seiner Mitschüler unterscheidet (vgl. S. 118 und 121 f.) –, und später zudem den Wunsch, Abstand von den ihn bedrückenden Ereignissen um den rassistisch motivierten Schuldspruch gegen Tom Robinson zu gewinnen (vgl. S. 330). Doch ebenso wenig wie Atticus in der Lage ist, sich wegzuducken, als der Fall auf ihn zukommt, der die Wahrhaftigkeit seiner moralischen An-

Abstreifen der Kindheit – Jems Sportbegeisterung

Jems komplexe Beziehung zu seinem Vater

schauungen und seine Standfestigkeit auf den Prüfstand stellt – "You know, I'd hoped to get through life without a case of this kind", gesteht er seinem Bruder (S. 117) –, ebenso wenig liegt es in Jems Natur, das Unerträgliche ein für allemal beiseite zu schieben. Atticus versteht das und erklärt es Scout:

> "Atticus said that Jem was trying hard to forget something, but what he was really doing was storing it away for a while, until enough time passed. Then he would be able to think about it and sort things out. When he was able to think about it, Jem would be himself again." (S. 331)

Jems Besonnenheit

Obwohl er äußerlich nach seiner verstorbenen Mutter kommt, **gleicht Jem in vielem seinem Vater**, wie Scout während der dramatischen Konfrontation mit dem rassistischen Mob in der Nacht vor der Verhandlung feststellt: "I could see little resemblance between them (...), but they were somehow alike. Mutual defiance made them alike." (S. 203) Anders als seine impulsive Schwester, die dazu neigt, ihre Fäuste zu gebrauchen, ist Jem meist eher besonnen und gebraucht seinen Verstand. Das zeigt paradigmatisch bereits der Zwischenfall in der Pause von Scouts erstem Schultag, als diese über Walter Cunningham herfällt und Jem Walter als Wiedergutmachung zum Mittagessen einlädt (vgl. S. 30 f.). Später vertieft sich dieses Muster, wenn Jem Scout ermahnt, sich nicht auf Streitereien mit Tante Alexandra einzulassen, weil Atticus zurzeit auch so genug Sorgen habe (vgl. S. 183 f.). Scout reagiert erbost:

> "His maddening superiority was unbearable these days. He didn't want to do anything but read and go off by himself. Still, everything he read he passed along to me, but with this dif-

ference: formerly, because he thought I'd like it; now, for my edification and instruction." (S. 184)[39]

Verantwortungsbewusstsein und Mut

Noch verfügt Jem nicht über das Geschick seines Vaters, andere zur Einsicht zu bringen, ohne dabei ihr Selbstgefühl zu verletzen. Aber er spürt, unter welchem Druck sein Vater steht, und versucht ihm beizustehen. Das zeigt sich auch bei dem bereits erwähnten nächtlichen Zwischenfall vor dem städtischen Gefängnis, als Jem **großen Mut** beweist und sich an die Seite des Vaters stellt, den er in großer Gefahr weiß (vgl. S. 199, 203 f., 207 und 210). Wie dieser **möchte er Anwalt werden** (vgl. S. 66). Sein Bedürfnis, sich mit Atticus zu identifizieren, ist groß. Die Einsicht, dass der Vater nicht einfach nur ein Bücherwurm, sondern ein friedfertiger Held ist, wirkt auf ihn entsprechend außerordentlich befreiend: "Jem picked up a rock and threw it jubilantly at the carhouse. Running after it, he called back: 'Atticus is a gentleman, just like me!'" (S. 131)

Lernprozesse

Allerdings ist es, bei allen guten Anlagen, auch Jem nicht in die Wiege gelegt, so tolerant und friedfertig wie sein Vater zu sein. Zu Beginn des Romans beteiligt er sich an der Verleumdung von Boo Radley, indem er Dill die über den unsichtbaren Nachbarn kursierenden Gruselmärchen auftischt (vgl. S. 10–14 und 16). Bei der Belagerung von Boo Radley spielt er eine treibende Rolle. Mehrfach wird er deswegen von Atticus ermahnt. Früher als seine beiden Komplizen begreift er jedoch, dass Boo ganz anders ist, als sie gedacht haben (vgl. S. 77 f., 84 und 304).

Einblicke in die gemischte Natur der Menschen

Eine entscheidende Lehre empfängt Jem im letzten Kapitel des ersten Teils, als er zur Strafe für seine unbeherrschte Reaktion auf

---

39 Vgl. auch die für Scouts hitziges Temperament und kindlichen Sarkasmus bezeichnende Bemerkung: "Jem in his old age had taken to his room with a stack of football magazines." (S. 198)

Mrs Duboses hässliche Äußerungen über Atticus zum **Lesedienst am Krankenbett** der alten Dame verurteilt wird. Jem erhält hier Einblick in die gemischte Natur der Menschen. Diese Einsicht befähigt ihn später, Tante Alexandra mit Verständnis zu begegnen (was ihm allerdings auch viel leichter gemacht wird als Scout, die in eine kleine Südstaatenlady umzumodeln Tante Alexandra sich vorgenommen hat).

Jem in den Fußstapfen seines Vaters

Am Ende des Romans, als es plötzlich noch einmal um Leben und Tod geht, ist Jem an Scouts Seite. Wie Atticus oder Tante Alexandra hat auch Jem keine Lust auf das Fest: "Jem considered himself too old for Halloween anyway; he said he wouldn't be caught anywhere near the high school at something like that." (S. 338) Doch er erklärt sich bereit, Scout an Atticus' Stelle zu begleiten: "Jem said he would take me. Thus began our longest journey together." (S. 340) Dass Jem mit dieser letzten Episode des Romans endgültig in die Fußstapfen seines verantwortungsbereiten und verständnisvollen Vaters tritt, wird bereits in seiner Reaktion auf Scouts Missgeschick als stumme Mitwirkende des Festspiels deutlich:

> "How he could tell I was feeling bad under my costume I don't know, but he said I did all right. I just came in a little late, that was all. Jem was becoming almost as good as Atticus at making you feel right when things went wrong." (S. 347)

Wenig später, als Scout in der Dunkelheit von Bob Ewell angegriffen wird, wirft sich Jem dazwischen und bezahlt seinen Mut mit einem brutal gebrochenen Arm. Wie sein Vater zögert er keinen Moment, einen Kampf aufzunehmen, den er (gegen einen erwachsenen Angreifer) nicht gewinnen kann, dem auszuweichen jedoch hieße, das Vertrauen, das seine kleine Schwester in ihn setzt, tödlich zu enttäuschen. Jem kämpft und erweist sich damit endgültig als **würdiger Sohn seines Vaters.**[40]

Dill

→ vgl. Kapitel 6, Prüfungsaufgabe 1

Atticus

Ein Mann von unbedingter Integrität

Über die Figur von Scouts Vater hat Harper Lee gesagt: "(...) he is a man of 'absolute integrity, with as much good will and good humor' as he is just and humane."[41] Diese Charakterisierung trifft uneingeschränkt zu. Zwar war die Autorin weise genug, ihrem Alter Ego Scout eine etwas respektlosere und zuzeiten auch kritischere Einstellung (vgl. vor allem S. 118 f.) gegenüber Atticus anzudichten, damit die Figur des Vaters nicht einfach als Idol der Tochter erscheint und vom Leser als solches skeptisch betrachtet wird. Aber sie hat auch dafür gesorgt, dass solche kritischen Äußerungen der Tochter Atticus nie ernsthaft beschädigen, sondern vielmehr auf die Urheberin selbst, ihr noch mangelndes Verständnis für das Wesen des Vaters, zurückfallen.[42] Davon abgesehen ist zu jeder Zeit der Erzählung spürbar, wie sehr Scout ihren Vater liebt und ihm vertraut.

Das künstlerische Wagnis, einen rundum positiven Charakter zu schildern

Erfahrene Leser wissen, dass vorbildliche Menschen in der Literatur (wie im Leben) Seltenheitswert haben – sieht man einmal von der Trivialliteratur ab. Das Positive glaubhaft und lebendig werden

---

40 Weitere Stellen, die Jems Charakterbild ergänzen, finden sich auf den Seiten 16–19, 42 f., 47, 49, 51 f., 74 f., 80 f., 84, 96, 128 f., 136 f., 146 f., 148 f., 155, 196, 224, 226 f., 238, 252, 278 f., 282–285, 288 f., 293–298, 301–304, 319 f.

41 Joseph Deitch: Harper Lee: Novelist of the South. In: Christian Science Monitor, 3. Oktober 1961, S. 6. Zitiert nach: Bloom, *Bloom's Notes*, S. 34

42 So erklärt Mr Dolphus Raymond: "Miss Jean Louise, you don't know your pa's not a run-of-the-mill man, it'll take a few years for that to sink in – you haven't seen enough of the world yet." (S. 269)

zu lassen, ist weit schwieriger, als einen Schurken oder einen gebrochenen Charakter zu zeichnen. Allzu schnell gerät der Autor in Verdacht, seine Figur zu idealisieren. Auf Harper Lees Atticus Finch trifft dieser Vorwurf jedoch nicht zu. Der Autorin ist es gelungen, das Bild eines Menschen zu zeichnen, der seinen Mitmenschen nicht nur an Klugheit, sondern auch an **Sittlichkeit und Rechtschaffenheit** überlegen ist, ohne deswegen ein strahlender Held zu sein.

Atticus als Herausforderung für seine Mitbürger und für den Leser

Atticus' **Handeln setzt Maßstäbe**, die nicht nur für seine mit weniger hohem Anstand ausgestatteten Mitmenschen zweifellos lästige Mahnungen sind (ihre gereizten Reaktionen beweisen das), sondern die auch dem Leser die selbstkritische Prüfung abverlangen, wie er sich bewährt hätte, wenn er an Atticus' Stelle gewesen wäre. Auch sich selbst und seine Familie bringt Atticus mit seiner Haltung in Schwierigkeiten – die aber keine unnötigen sind, sondern unausweichbar für einen Mann, der seine Kinder auf partnerschaftliche Art erzieht, wie Atticus das tut,[43] und der dafür einzustehen hat, dass diese seine Lehren nicht irgendwann nur mehr als hohle Phrasen empfinden. Sheriff Tate gegenüber erläutert er:

> "'Sometimes I think I'm a total failure as a parent, but I'm all they've got. Before Jem looks at anyone else he looks at me, and I've tried to live so I can look squarely back at him, ... If I connived at something like this, frankly I couldn't meet his eye[,] and the day I can't do that I'll know I've lost him. I don't want to lose

---

43 Äußeres Zeichen dieser Partnerschaftlichkeit ist der Umstand, dass Atticus sich von seinen Kindern mit dem Vornamen ansprechen lässt. Seine Autorität gegenüber Jem und Scout basiert auf überlegener Menschen- und Weltkenntnis, nicht auf dem bloßen Recht des Vaters, seinen Kindern vorzuschreiben, wie sie sich zu verhalten haben.

him and Scout, because they're all I've got.'" (S. 366, vgl. auch S. 139 f.)[44]

Atticus als ein "ideal man" im Sinne Emersons

Fred Erisman zufolge verkörpert Atticus Finch die Qualitäten und menschlichen Vorzüge, die der **amerikanische Philosoph Ralph Waldo Emerson** (1803–1882) dem "ideal man" zugeschrieben hat. Atticus ist frei von jeglichem Opportunismus und folgt bedingungslos der **Stimme seines eigenen Gewissens**. Gleichzeitig gesteht er seinen Mitbürgern zu, sich nach anderen Maßstäben zu richten, auch wenn er die oft schäbigen Motive, die ihren Haltungen zugrunde liegen, durchschaut. Als Scout ihn darauf hinweist, dass die meisten Menschen der Stadt ihn für seinen Einsatz für Tom Robinson tadeln, entgegnet er: "'They're certainly entitled to think that, and they're entitled to full respect for their opinions (...), but before I can live with other folks I've got to live with myself. The one thing that doesn't abide by majority rule is a person's conscience.'" (S. 139 f.) Emerson hat in vergleichbarer Weise erklärt: "Nothing can bring you peace but yourself. Nothing can bring you peace but the triumph of principles."[45]

Empathie als wichtigste Tugend

Die Haltung, die Atticus gegenüber seinen Mitbürgern einnimmt, beweist eine Fähigkeit zur Empathie, die er auch seinen Kindern (vor allem der impulsiven, oft ungerechten Scout) als wichtigstes Erziehungsziel zu vermitteln versucht: Sie sollen in der Lage sein, die Dinge auch aus der Perspektive der anderen zu betrachten. Das gelingt jedoch nur dem, der nicht permanent unter dem Druck

---

44 Dass Atticus gegenüber Mr Tate letztlich doch einlenkt und dessen Version des Tathergangs akzeptiert, bedeutet nicht, dass er gegen seine Grundsätze verstößt; denn inzwischen hat er ja erkannt, dass gar nicht Jem, sondern Arthur Radley Bob Ewell getötet hat. Diesen vor dem Blitzlicht der Öffentlichkeit zu schützen, ist etwas anderes, als eine aus Notwehr begangene Tat seines Sohns vertuschen zu helfen.

45 Vgl. Fred Erisman: The Romantic Regionalism of Harper Lee. In: Alabama Review 26, No. 2 (April 1973), S. 129–131. Zitiert nach: Bloom, *Bloom's Notes*, S. 37 f.

steht, seine eigenen Ansichten rechtfertigen zu müssen. Selbstbewusstsein und Toleranz gehen auf diese Weise Hand in Hand.

Atticus als Verteidiger von Tom Robinson

Charakteristisch für Atticus ist in diesem Zusammenhang, dass er sich gegenüber seinen Mitbürgern und auch gegenüber seinen Kindern nicht auf die Erklärung zurückzieht, sich den Fall nicht ausgesucht zu haben (was der Wahrheit entspricht), sondern offiziell zum Pflichtverteidiger von Tom Robinson bestellt worden zu sein. Scout erfährt erst spät davon. Ihre erste Reaktion ist, dass das doch alles ändere. Der Vater müsse Tom Robinson verteidigen und daher könne man ihm doch daraus auch keinen Vorwurf machen (vgl. S. 218). Die Mitbürger sehen das jedoch anders. Und auch Atticus selbst sieht es anders, wie er seiner Tochter gegenüber schon viel früher angedeutet hat: "'(...) Scout, simply by the nature of the work, every lawyer gets at least one case in his lifetime that affects him personally. This one's mine, I guess. (...)'" (S. 101) Er begreift den Fall auch als **persönliche Bewährungsprobe**, und er ist entschlossen, diese Probe vor sich zu bestehen.

Atticus' Friedfertigkeit und Toleranz

Kennzeichnend für Atticus ist ferner seine **unbedingte Friedfertigkeit**, sein gänzlicher Verzicht auf Gewalt, auf jegliche Form der Rache. Er verabscheut Waffen (vgl. S. 119) und lehnt es ab, zu seinem Schutz eine Waffe zu tragen (vgl. S. 291 f.), obwohl er in seiner Jugend der beste Schütze der Gegend gewesen ist (vgl. S. 129 f.) und nach wie vor seine alte Treffsicherheit besitzt (vgl. S. 127 f.). Dass Mrs Dubose hässlich über ihn spricht, hindert ihn nicht, ihr freundlich und respektvoll zu begegnen (vgl. Kapitel 11). Er duldet es, dass Bob Ewell ihm ins Gesicht spuckt (vgl. S. 290), ohne sich für diese äußerste Beleidigung zu rächen. Trotzdem macht ihm niemand den Vorwurf, feige zu sein. Man weiß, dass er sich auf solche Weise nicht aus der Reserve locken lässt. Seinen Mut stellt er bei anderer Gelegenheit zur Genüge unter Beweis (indem er beispielsweise, wieder ohne Waffen, Tom Robinson vor dem Mob, der ihn lynchen will, zu schützen versucht). Die von Atticus praktizierte Gewaltlosigkeit geht so weit, dass er niemandem etwas aufzwingt – nicht einmal eine reinere Moral.

Atticus' Isolation unter den Mitbürgern

Durch eine solche Haltung unterscheidet er sich deutlich von seinen Mitbürgern. Infolgedessen ist auch er, wie fast alle wichtigen Figuren des Romans, **ein Außenseiter**. Seine Isolation unter den Einwohnern der Stadt ist darauf zurückzuführen, dass er ihnen allein durch seine Haltung ihre eigenen Schwächen vor Augen führt. Dennoch wählen sie ihn immer wieder als ihren **Volksvertreter in die gesetzgebende Versammlung des Staates Alabama** (vgl. S. 326). Damit anerkennen sie – wenn auch vielfach nur stillschweigend und halb widerwillig – seine überlegene Anständigkeit. Miss Maudie gibt die Erklärung für dieses scheinbar paradoxe Verhalten, als Atticus' Schwester Alexandra, nachdem sie vom Tod Tom Robinsons erfahren hat, ihrer angestauten Verzweiflung für einen Moment freien Lauf lässt:

> "'(...) I just want to know when this will ever end. (...) It tears him to pieces. He doesn't show it much, but it tears him to pieces. I've seen him when – [46] what else do they want from him, Maudie, what else?' / 'What does who want, Alexandra?' Miss Maudie asked. / 'I mean this town. They're perfectly willing to let him do what they're too afraid to do themselves – it might lose 'em a nickel. They're perfectly willing to let him wreck his health doing what they're afraid to do, they're–' / 'Be quiet, they'll hear you,' said Miss Maudie. 'Have you ever thought of it this way, Alexandra? Whether Maycomb knows it or not, we're paying the

---

46 Tante Alexandra bezieht sich hier höchstwahrscheinlich auf den Wortwechsel zwischen Atticus und ihr, als ihr Bruder nach dem verlorenen Prozess mit den Kindern vom Gericht nach Hause zurückkehrte. Tatsächlich zeigt sich in dieser Situation, wie schwer es Atticus in manchen Momenten fällt, seine nach außen demonstrierte Gelassenheit zu bewahren (vgl. S. 285).

highest tribute we can pay a man. We trust him to do right. It's that simple.'" (S. 316)

Die Auswirkungen von Atticus' Haltung auf seine Kinder

Für seine konsequente Haltung, für seinen Beitrag zur moralischen Hygiene des Gemeinwesens zahlt Atticus jedoch nicht nur mit seiner Isolation[47] und seiner Gesundheit. **Auch seine Angehörigen zahlen mit**. Seine Kinder werden von vielen ebenso wie er misstrauisch betrachtet. Am Ende werden sie aus Rache an ihrem Vater beinahe umgebracht. Dass sie überleben, liegt nicht an Atticus. (Vielmehr hat er sich gerade an diesem Abend eine kleine Schwäche, ein Nachlassen seiner Fürsorge geleistet, aus der tödliche Gefahr entsteht. Das ist ihm nicht vorzuwerfen, es zeigt nur: Es steht außerhalb seiner Macht, sie zu schützen.) Die Gefahr, in der er selbst und seine Kinder schweben, hat er zuvor heruntergespielt (vgl. S. 292 f. und 335). Es fällt ihm sogar nach dem Mordversuch schwer, anzuerkennen, dass ein Mensch zu so einer Rachehandlung fähig sein könne (vgl. S. 360 f.). In dieser Weigerung, die tatsächliche Bosheit und Schlechtigkeit von Bob Ewell anzuerkennen, liegt ein Teil **Selbstschutz**: Es fällt Atticus verständlicherweise schwer, wahrzuhaben, welchem Risiko er seine Kinder ausgesetzt hat. Der Mordanschlag an ihnen führt ihm vor Augen, wie hoch **der Preis für sein anständiges, mutiges und friedfertiges Auftreten** sein kann.

Vorbildliche Toleranz oder gefährliche Schwäche?

Man kann also fragen, ob Atticus nicht zu weit gegangen ist. Ebenso ließe sich aber auch fragen, ob er nicht noch weiter gehen müsste, um wirklich etwas zu bewirken: Fehlt ihm nicht die Bereitschaft, ein ausdrückliches Zeichen zu setzen, seine Mitbürger

---

47 Zeichenhaft für die Isolation von Atticus – und für seine aufgeklärte Haltung – steht das Zeitunglesen, überhaupt das Lesen, das untrennbar mit dem Bild seiner Person verbunden ist und sich als eigenes Motiv durch den Roman zieht. Als Zeitungsleser nimmt Atticus intensiv an den öffentlichen Angelegenheiten teil, hält aber zugleich als Privatmann Abstand zu seinen Mitbürgern, von denen ihn zu vieles trennt.

aufzurütteln, sie bewusst zu brüskieren? Ist seine Konzilianz, seine Toleranz gegenüber den Einstellungen seiner Mitbürger, die das Unrecht erst ermöglichen, das er nachträglich zu beseitigen versucht, nicht eine Schwäche? Trägt sie nicht dazu bei, dass die Dinge sich letztlich doch nicht (oder nicht schnell genug) zum Besseren entwickeln?

So zu fragen, heißt, über die tatsächlichen Verhältnisse der in Harper Lees Roman geschilderten Welt der Südstaaten in den 1930er Jahren hinwegzusehen. Wieder ist es Miss Maudie, die die Leistung von Atticus gerecht einzuschätzen vermag. Am Tag nach dem Schuldspruch für Tom Robinson sagt sie zu Jem:

> "'(…) I was sittin' there on the porch last night, waiting. I waited and waited to see you all come down the sidewalk, and as I waited I thought, Atticus Finch won't win, he can't win, but he's the only man in these parts who can keep a jury out so long in a case like that. And I thought to myself, well, we're making a step – it's just a baby-step, but it's a step.'" (S. 289)

Evolution statt Revolution

Atticus Finch ist kein Straßenkämpfer, er ist ein Mann der rechtsstaatlichen Institutionen (des Gerichts, der Gesetzesversammlung), und er weiß, dass es lange Zeit braucht, um bestehende Gesetze zu verbessern (vgl. S. 294 f.). Für seinen Sohn Jem, der unter dem Eindruck des Fehlurteils gegen Tom Robinson steht, ist das keine befriedigende Lösung. Er will mehr, er will sofort Gerechtigkeit. Das ist eine verständliche Reaktion. Und tatsächlich kommt die von Atticus erhoffte **allmähliche Verbesserung der Gesetze** und in deren Gefolge auch der inneren Einstellungen der Menschen für Tom Robinson jedenfalls zu spät. Das ist Atticus Finch jedoch nicht zum Vorwurf zu machen. Er setzt auf den längeren Atem und die Beharrlichkeit derjenigen, die den Mut zur Friedfertigkeit haben, und steht damit durchaus in einer Reihe mit so großen, weltverändernden Menschen wie Jesus Christus, Gandhi oder auch Martin Luther King, der eine Generation später an die Spitze der Bürgerrechtsbewegung trat.[48]

Die Figur des Atticus in *Go Set a Watchman*

Dass Atticus sich in *Go Set a Watchman* mit den anderen Mitgliedern des Bürgerrats von Maycomb gegen die aus seiner Sicht ganz überzogenen und daher schädlichen Forderungen der NAACP – der 1909 gegründeten National Association for the Advancement of Colored People – wendet, ist daher nicht nur ein Schock für seine inzwischen erwachsene und in New York lebende Tochter, sondern hat auch viele Leser, für die Harper Lees Romanfigur des Atticus Finch immer ein Symbol der Hoffnung gewesen ist, tief getroffen. Atticus argumentiert in diesem anderen Roman der Autorin, die Schwarzen hätten in den letzten Jahrzehnten bemerkenswerte Fortschritte gemacht, seien aber noch weit davon entfernt, auf der Stufe der Weißen zu stehen. Wenn man ihnen volle politische Gleichberechtigung einräumen würde, würden sie, weil sie in der Mehrheit seien, bald überall im Süden die Macht übernehmen und dieser Verantwortung seien sie schlicht nicht gewachsen. Jean Louise kann diese Haltung nicht akzeptieren. Sie räumt ein, dass die Schwarzen insgesamt noch Nachholbedarf haben (vgl. S. 242), ist aber davon überzeugt, dass das nicht ihnen, sondern den Weißen anzulasten ist: "'How they're as good as they are now is a mystery to me, after a hundred years of systematic denial that they're human. I wonder what kind of miracle we could work with a week's decency.'" (S. 252) Liest man beide Romane, so erscheint der Atticus Finch aus

---

48 Außer den bereits angeführten tragen zahlreiche weitere Textstellen zu einem vertieften Verständnis der Figur von Atticus Finch bei: S. 5–7, 13, 26 f., 31 f., 33, 39–43, 53 f., 65 f., 84, 96, 105 f., 108–110, 116 f., 144 f., 148 f., 178–184, 194–198, 202, 206–210, 225 f., 252 f., 266, 269–275, 282 f., 288, 291–299, 300, 329–331, 335, 356 f., 363–370, 375 f.

Go Set a Watchman durchaus nicht als ganz andere Person als der Atticus Finch aus *To Kill a Mockingbird*. Von daher wird der Leser beider Romane unwillkürlich auch mit neuen Augen auf die Figur des Atticus in Harper Lees weltberühmtem Roman blicken. Festzuhalten ist jedoch, dass die Autorin in *To Kill a Mockingbird* alles vermeidet, was Zweifel an der Haltung der Figur aufkommen lassen könnte.

Calpurnia

Calpurnias von Atticus gestützte Autorität

Calpurnia ist weit mehr als die Haushälterin und Köchin der Finchs. Sie ist beinahe eine **Ersatzmutter für Jem und Scout**. Entsprechend scheut sie sich auch in Gegenwart von deren Vater nicht, eigenständig zur Erziehung der Kinder beizutragen (vgl. S. 32 f.). Zu Beginn der Handlung fühlt sich Scout von ihr zu hart behandelt (vgl. S. 6 f. und 33). Aber Atticus lässt seiner Tochter wie auch später seiner Schwester gegenüber keinen Zweifel daran aufkommen, dass Calpurnia ein unverzichtbarer Teil der Familie ist und dass es wesentlich ihr Verdienst ist, wenn alles einigermaßen funktioniert (vgl. S. 33, 182 f. und 209). Dass Atticus Calpurnia so hochschätzt und achtet, spricht für sie. Dass Calpurnia ihrerseits Jem mit zunehmendem Respekt begegnet, spricht für diesen (vgl. S. 153 f.). Das hält sie jedoch nicht davon ab, ihm auch später noch ungeschminkt die Meinung zu sagen, wenn es aus ihrer Sicht erforderlich ist (vgl. S. 277 f.).

Leben in zwei Welten

Erst als Calpurnia Jem und Scout an einem Sonntag zu ihrer Kirchengemeinde mitnimmt (vgl. Kapitel 12), werden sich die Kinder so richtig darüber klar, dass sie (obwohl sie an normalen Tagen abends immer nach Hause geht) neben dem Leben in ihrer Familie noch ein zweites, anderes Leben führt. Bei dieser Gelegenheit lernen die Kinder ansatzweise, wie viel Lebensklugheit und Umsicht es erfordert, sich in zwei so unterschiedlichen Welten zu bewegen:

"'Cal,' I asked, 'why do you talk nigger-talk to the – to your folks when you know it's not right?' / 'Well, in the first place I'm black –' / 'That doesn't mean you hafta talk that way when you know better,' said Jem. / (...) 'It's not necessary to tell all you know. It's not lady-like – in the second place, folks don't like to have somebody around knowin' more than they do. It aggravates 'em. You're not gonna change any of them by talkin' right, they've got to want to learn themselves, and when they don't want to learn there's nothing you can do but keep your mouth shut or talk their language.'" (S. 167)

Calpurnias Bildung

Sie selbst jedoch war lernwillig. Bezeichnenderweise war es Miss Maudies Tante, die ihr seinerzeit das Lesen beigebracht hat (vgl. S. 165). Und dass Scout bereits schreiben kann, bevor sie zur Schule geht, verdankt sie ihrerseits Calpurnia – auch wenn es am ersten Schultag so wirkt, als habe ihr Calpurnia damit einen Bärendienst erwiesen (vgl. S. 24).[49]

Miss Maudie Atkinson

→ vgl. Kapitel 6, Prüfungsaufgabe 2

Arthur (Boo) Radley und Tom Robinson

Außenseiter und Opfer von Intoleranz

Arthur Radley und Tom Robinson sind wichtige Figuren des Romans, über die sich aber weit weniger sagen lässt als über die oben charakterisierten Figuren. In diesem Missverhältnis spiegelt sich bereits ihr Status als Außenseiter und Opfer eines von teils heimlicher, teils offener Intoleranz geprägten Gemeinwesens. Über Arthur **Radley** sind schauerliche Geschichten im Umlauf, in denen

49 Die folgenden Textstellen vervollständigen das Persönlichkeitsbild Calpurnias: S. 15, 38, 45, 121–124, 126 f.

er mehr oder weniger als Monster figuriert.[50] Feststeht, dass er das Opfer einer lebens- und lustfeindlichen religiös-fundamentalistischen Erziehung wurde, dagegen rebellierte und den Kampf gegen seine Familie verlor. Ob seine bis zuletzt anhaltende Isolation selbstgewählt oder immer noch von seiner Familie auferlegt ist, bleibt offen (vgl. S. 192 und 304). Er erweist sich aber als kinderlieber (wie seine Geschenke zeigen), humorvoller (vgl. S. 54), fürsorglicher (vgl. S. 78 und 95 f.), sogar künstlerisch begabter (vgl. S. 80) und vor allem mutiger (vgl. S. 351 f.) Mensch, wenn er auch zweifellos aufgrund seiner Isolation verstört (vgl. S. 13 f.) und im Umgang mit anderen Menschen extrem unsicher ist (vgl. S. 356, 362 und 371 f.).[51]

Ein freundlicher, humorvoller, künstlerisch begabter, aber auch verstörter und sozial tief verunsicherter Mensch

In Bezug auf **Tom Robinson** lässt der Roman keinen Zweifel darüber, dass er ein rechtschaffener, mitfühlender und aufgrund seiner Behinderung auch selbst Mitgefühl verdienender Mensch ist. Der Leser begegnet dem Familienvater und nach dem Zeugnis seines Chefs fleißigen Arbeiter allerdings nur innerhalb des Gerichtsraums, sieht man einmal von seiner gleichsam aus dem *Off* kommenden kurzen Äußerung (vgl. S. 206) am Ende der nächtlichen Szene am Tag vor dem Prozess ab, in welcher er kennzeichnenderweise auch nicht als selbstständig handelndes Subjekt auftritt (beziehungsweise auftreten kann), sondern lediglich als Objekt widerstreitender Kräfte. Nicht viel anders ist seine Rolle während der Verhandlung: Bei seiner Vernehmung erweist er sich zwar – bis auf eine angesichts der ihm feindlichen Grundstimmung unkluge

Ein anständiger Mensch mit Mitgefühl für andere

Letztlich wehrloses Objekt widerstreitender Kräfte

---

50 Vgl. besonders S. 15 f. Diese genüsslich genährten Schreckensvorstellungen hat Claudia Durst Johnson zum Ausgangspunkt einer detaillierten Darstellung der "Gothic elements" in *To Kill a Mockingbird* genommen: "The Gothic Tradition", in: Johnson, *Threatening Boundaries*, S. 39–70.

51 Vgl. darüber hinaus S. 7, 10–16, 18 f., 31, 37, 44–53, 57–66, 71, 74, 78 f., 83 f., 124, 193, 198, 256, 304, 325 f., 341–343, 352, 362–364, 367 f., 370–373.

Bemerkung (vgl. S. 264) – als besonnen und der Situation durchaus gewachsen; dennoch wird er unschuldig verurteilt. Danach verliert er alles Vertrauen in die Möglichkeit, dass ihm doch noch Gerechtigkeit widerfahren könnte. Er versucht zu fliehen und wird dabei erschossen.[52]

Bob Ewell und Miss Stephanie Crawford

→ vgl. Online-Prüfungsaufgaben 5 u. 6

---

52 Vgl. ferner S. 100, 116 f., 139, 160, 163 f., 184, 194 f., 197, 206, 225, 233, 241, 248, 254–265, 293, 310, 315, 320–323, 326, 333

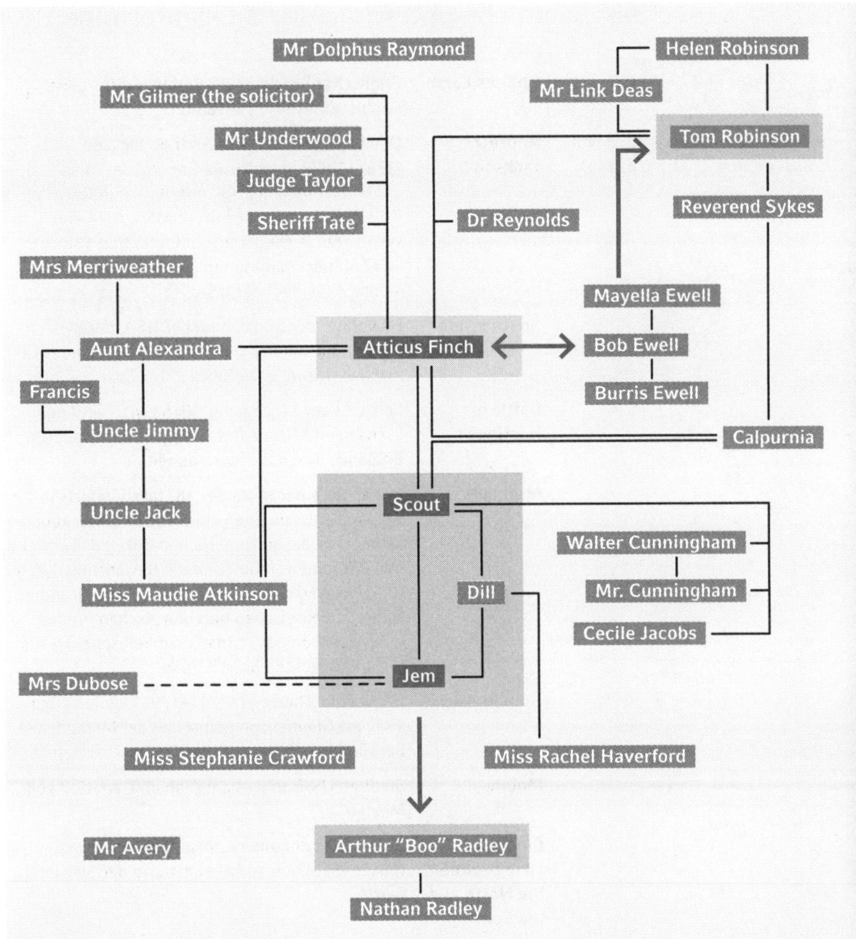
Mr Dolphus Raymond
Helen Robinson
Mr Gilmer (the solicitor)
Mr Link Deas
Mr Underwood
Tom Robinson
Judge Taylor
Reverend Sykes
Sheriff Tate
Dr Reynolds
Mrs Merriweather
Mayella Ewell
Aunt Alexandra
Atticus Finch
Bob Ewell
Francis
Burris Ewell
Uncle Jimmy
Calpurnia
Scout
Uncle Jack
Walter Cunningham
Mr. Cunningham
Miss Maudie Atkinson
Dill
Cecile Jacobs
Mrs Dubose
Jem
Miss Stephanie Crawford
Miss Rachel Haverford
Mr Avery
Arthur "Boo" Radley
Nathan Radley

3.5 Sachliche und sprachliche Erläuterungen

Motto	**Charles Lamb**	Englischer Schriftsteller und Verfasser geistreicher Essays (1775–1834).
S. 3 (vgl. S. 346)	**Andrew Jackson**	Der Jurist und Politiker Andrew Jackson (1767–1845) kämpfte als General der Miliz gegen die mit den Engländern verbündeten Creek-Indianer, denen er im März 1814 eine vernichtende Niederlage zufügte. Von 1829 bis 1837 amtierte Jackson in zwei Amtszeiten als siebter Präsident der USA.
	Southerners	Bewohner der Südstaaten der USA, deren Lossagung von der Union 1860/61 zum amerikanischen Bürgerkrieg führte.
S. 4	**Battle of Hastings**	Schlacht am 14. Oktober 1066 zwischen Angelsachsen und Normannen, Beginn der Eroberung Englands durch die Normannen.
	Methodists	Anhänger einer Mitte des 18. Jahrhunderts in England entstandenen christlichen Erweckungsbewegung, die den innerlichen Bezug des einzelnen Gläubigen zu Gott und die Bewährung durch praktische Nächstenliebe in den Vordergrund stellte, theologischen und liturgischen Fragen hingegen weniger Aufmerksamkeit schenkte als die anglikanische Staatskirche.
	John Wesley	Englischer Theologe (1703–1791), der ab circa 1740 die Glaubensgemeinschaft der Methodisten begründete.
	Mobile	Stadt im US-Bundesstaat Alabama, am Golf von Mexiko.
	the disturbance between the North and the South	Gemeint ist der amerikanische Bürgerkrieg (1861–1865), der zur Abschaffung der Sklaverei führte.
S. 5	**Montgomery**	Seit 1846 Hauptstadt des US-Bundesstaates Alabama.

S. 8	**Meridian**	Stadt im Osten des US-Bundesstaates Mississippi.
S. 9	***Dracula***	1931 erschien Tod Brownings Verfilmung des berühmten Vampirromans *Dracula*, der 1897 von dem irischen Schriftsteller Bram Stoker (1847–1912) veröffentlicht wurde.
	Oliver Optic	Schriftstellername des amerikanischen Kinderbuchautors William Taylor Adams (1822–1897).
	Victor Appleton	Unter diesem gemeinsamen Pseudonym schrieben mehrere Autoren die Jugendbuchserie *Tom Swift* (1910–1941).
	Edgar Rice Burroughs	Amerikanischer Autor (1875–1950) populärer Romane, Schöpfer der Figur Tarzan.
	the ape in *Tarzan*	*Tarzan of the Apes* (1912) war der erste Roman der *Tarzan*-Serie von E. R. Burroughs. Der erste *Tarzan*-Spielfilm wurde 1918 gedreht, 1932 der erste *Tarzan*-Tonfilm, die mittlerweile „klassische" Filmversion des Stoffs mit Johnny Weissmüller in der Titelrolle *(Tarzan the Ape Man)*.
S. 9 (vgl. S. 48)	**Mr Crabtree in *The Rover Boys***	*The Rover Boys* (1899–1926, insgesamt 30 Romane) waren eine der berühmtesten Kinder- und Jugendbuchreihen in den USA *(The Rover Boys' Series For Young Americans by Arthur M. Winfield)*. Die ursprünglichen Hauptfiguren sind Tom, Dick und Sam Rover, die eine Militärschule besuchen und dort diverse Streiche begehen. Einer ihrer Hauptgegner ist der Lehrer Josiah Crabtree, dem es aufgrund seiner Fähigkeiten als Hypnotiseur gelingt, eine der weiblichen Figuren (die spätere Frau Dicks) unter seinen Einfluss zu bringen, da er es auf ihr Vermögen abgesehen hat.
S. 9 f.	**Mr Damon in *Tom Swift***	Komische Figur aus der Jugendbuchserie *Tom Swift*.

S. 10	**Merlin**	Merlin ist ein mächtiger Zauberer des keltischen Sagenkreises (erstmals erwähnt in einem Epos aus dem 12. Jahrhundert) und Ratgeber des Königs Artus.
S. 14	**Pensacola**	Hafenstadt im Nordwesten des US-Bundesstaates Florida.
S. 16 (vgl. S. 375)	***The Grey Ghost***	Eigentlich *The Gray Ghost*, ein 1926 erschienenes Jugendbuch der "Seckatary Hawkins"-Reihe von Robert F. Schulkers.[53]
S. 20	***Tarzan and the Ant Men***	Einer der *Tarzan*-Romane von E. R. Burroughs.
S. 23	**the diaries of Lorenzo Dow**	Einflussreicher US-Minister (1777–1834), dessen Autobiografie ein Bestseller wurde.
S. 24	**Dewey Decimal System**	Jem unterliegt hier einem Irrtum: Das Dewey Dezimalsystem geht auf Melvil Dewey zurück und ist eine Methode zur Katalogisierung von Bibliotheksbüchern. Die neuartigen Unterrichtsmethoden, die in Jems und Scouts Schule eingeführt werden, greifen hingegen zweifellos Ideen des amerikanischen Erziehungswissenschaftlers John Dewey (1859–1952) auf.
S. 25	**hookworms**	Darmparasiten, die ihren Namen aufgrund von hakenähnlichen Auswüchsen an ihrer Mundöffnung haben und über die Haut (fehlende Fußbekleidung) in den Körper eines Menschen eindringen können. Die zu Unterernährung führende Erkrankung war früher in den Südstaaten der USA weit verbreitet.

53 Weitere Informationen zu diesem Buch und seine Beziehung zu Harper Lees Roman finden sich unter: http://www.seckatary.com/ [Stand: Mai 2017].

S. 27	**entailment**	Juristischer Begriff, der einen Zustand bezeichnet, in dem ein Landbesitzer Einschränkungen seines Erbrechts hinnimmt. Während der 1930er Jahre waren viele Farmer in den Südstaaten aus Armut gezwungen, Hypotheken auf ihr Eigentum aufzunehmen oder Entailments zu unterzeichnen, um auf diesem Wege Schulden zu begleichen. Scout behält den Begriff im Gedächtnis und kommt später darauf zurück, als sie in einer heiklen Situation versucht, höfliche Konversation mit Mr Cunningham zu machen (vgl. S. 169 f.).
	the crash	Der Börsenkrach von 1929, Auslöser der Weltwirtschaftskrise, die insbesondere die ländlichen Gebiete der USA auf Jahre schwer in Mitleidenschaft zog.
S. 27 (vgl. S. 332)	**a WPA job**	Die "Works Progress Administration" (ab 1939: "Work Projects Administration") war Teil des "New Deal" unter Präsident Franklin D. Roosevelt. Sie wurde 1935 als großangelegtes staatliches Arbeitsbeschaffungsprogramm für die Opfer der Wirtschaftskrise ("Great Depression") eingerichtet. Während der acht Jahre des Bestehens der WPA erhielten 8,5 Millionen Menschen vorübergehend einen aus staatlichen Mitteln finanzierten Job.
S. 36 (vgl. S. 227: truant officers)	**truant lady**	Staatliche Angestellte, die unerlaubtem Wegbleiben von der Schule nachgeht.
S. 56	**second battle of the Marne**	Die zweite Marne-Schlacht fand im Juli/August 1918 statt und brachte die Entscheidung zugunsten der Alliierten. Wie in vielen Schlachten des Ersten Weltkrieges wurde auch hier von beiden Seiten Giftgas eingesetzt.

S. 59	**a foot-washing Baptist**	Die Baptisten, die die Erwachsenentaufe praktizieren, sind nach den Katholiken die mitgliederstärkste kirchliche Gemeinschaft in den USA; gleichwohl untergliedern sie sich – wie die anderen Kirchen auch – in zahlreiche Gruppierungen. Die Radleys gehören offenkundig einer radikalen, lustfeindlichen und intoleranten Richtung innerhalb der baptistischen Kirche an.
S. 63	**Nova Scotia**	Provinz Kanadas an der Atlantikküste.
	Brigadier General Joe Wheeler	Legendärer General der Konföderierten im Bürgerkrieg, lebte von 1836 bis 1906.
S. 85	**written on the Rosetta Stone**	Dieser berühmte, mit Hieroglyphen bedeckte Stein ist ein wichtiges Zeugnis der frühen ägyptischen Hochkultur, hat jedoch nichts mit Wettervorhersagen zu tun und enthält schon gar nicht die von Mr Avery vorgebrachten Bauernregeln. Die Äußerung beleuchtet demnach lediglich Mr Averys Unwissenheit beziehungsweise seinen Hang zur Wichtigtuerei.
S. 87	**Appomattox**	Am 9. April 1865 kapitulierte die Armee der Südstaaten unter General Robert E. Lee bei Appomattox, Virginia.
S. 91 (vgl. S. 184)	**morphodite**	Lebewesen mit männlichen und weiblichen Geschlechtsmerkmalen.
S. 101	**Confederate veteran**	Ehemaliger Teilnehmer des Bürgerkriegs auf Seiten der Südstaaten-Armee.
	General Hood	John Bell Hood (1831–1879), General der Südstaaten.
	the Missouri Compromise	Der Missouri-Kompromiss von 1820 gehört zur Vorgeschichte des amerikanischen Bürgerkriegs. Die Einwohner von Missouri hatten sich 1817 mit der Bitte an den amerikanischen Kongress gewandt, das von ihnen bewohnte Gebiet als Bundesstaat in die Vereinigten Staaten von

		Amerika aufzunehmen. Schwierig wurden die Verhandlungen, als der New Yorker Abgeordnete James Tallmadge die Bedingung durchsetzte, dass die Sklavenhaltung in Missouri künftig erschwert werden sollte. Als 1819 Maine um die Aufnahme als eigener Bundesstaat nachsuchte, einigte man sich darauf, Maine als neuen, sklavenfreien Staat und im Gegenzug auch Missouri, nun ohne Auflagen hinsichtlich der Sklaverei, aufzunehmen. Zugleich wurde festgelegt, dass in allen (noch weitgehend unerschlossenen) Gebieten im amerikanischen Westen, die nördlich von Missouris südlicher Grenze lagen, künftig keine Sklaverei erlaubt sei. Als der sich daraufhin konstituierende Staat Missouri jedoch Anstalten machte, auch freie Schwarze und Mulatten in ihren Bürgerrechten zu beschneiden, kam es zu einer zweiten politischen Krise, die erst durch das Einlenken Missouris im zweiten Missouri-Kompromiss von 1821 beigelegt wurde. Im August 1821 wurde Missouri schließlich als 24. Bundesstaat Teil der USA.
	Stonewall Jackson	Der legendäre Südstaaten-General Thomas Jonathan Jackson (1824–1863) trug den Spitznamen "Stonewall".
	Ol' Blue Light	Anspielung auf "Stonewall" Jackson.
S. 101 (vgl. S. 274)	**the Yankees**	Der Spitzname für die Bewohner Neuenglands wurde während des Bürgerkriegs zur abschätzigen Bezeichnung der Südstaatler für die feindlichen Nordstaatler.
S. 116	**Lord Melbourne**	William Lamb, 2nd Viscount, Lord Melbourne (of Kilmore) (1779–1848) war einer der wichtigsten englischen Politiker des 19. Jahrhunderts. Er war 1834 sowie 1835 bis 1841 Premierminister und Mentor Königin Victorias. Seine Frau, Lady Caroline Lamb, wurde durch ihr Verhältnis mit Lord Byron berühmt.

S. 132	**a CSA pistol**	Pistole der Südstaaten-Armee (**C**onfederate **S**tates of **A**merica).
S. 136	**a philippic**	Eine Straf- oder Schimpfrede. Die Bezeichnung leitet sich von den Angriffen des griechischen Redners Demosthenes auf Philipp II. von Makedonien her.
S. 137	**Dixie Howell**	Millard Fillmore "Dixie" Howell (1912–1971), amerikanischer Footballspieler.
S. 141	***Ivanhoe***	1819 erschienener historischer Roman von Sir Walter Scott (1771–1832), bis heute ein Jugendbuchklassiker.
S. 159	**a rotogravure print**	Drucktechnik, die im Deutschen als Tiefdruck bezeichnet wird und besonders bei hochwertigen Druckerzeugnissen mit Abbildungen zum Einsatz kommt.
	Hunt's *The Light of the World*	Der englische Maler William Holman Hunt (1827–1910) wollte für ein modernes Publikum christliche Malerei mit einer zeitgemäßen Symbolik schaffen. *The Light of the World* (1851), eine Darstellung Jesu Christi als Retter der Welt, ist eines seiner bekanntesten Gemälde.
S. 166	**Blackstone's *Commentaries***	Sir William Blackstone (1723–1780) legte mit den *Commentaries on the Laws of England* (vier Bände, 1765–1769) die erste systematische Darstellung des allgemeinen Rechts in England vor, dessen Gesetze bis dahin nur in der Form der "lex non scripta" (des mündlich überlieferten Rechts) existiert hatten. Das Werk war von großem Einfluss auf die wenige Jahre später ausgearbeitete amerikanische Verfassung.
S. 172	**Rice Christians**	Bezeichnung für Menschen, die sich nicht aus innerer Überzeugung, sondern aufgrund von materieller Not, aus Hoffnung auf materielle Hilfe zum Christentum haben bekehren lassen.

S. 173	**Governor William Wyatt Bibb**	Der studierte Arzt (1781–1820) war von 1817 bis zu seinem frühen Tode erster Gouverneur von Alabama, dessen offizielle Staatsgründung im Dezember 1819 erfolgte. Bibb sorgte in seiner Amtszeit für den Aufbau der hierfür notwendigen Institutionen.
S. 174	**Reconstruction rule**	Als Folge der "Reconstruction Acts" von 1867 nach dem Ende des Bürgerkrieges wurden die zehn verbleibenden Südstaaten (Tennessee war bereits 1866 zur Union gestoßen) zunächst in fünf Militärbezirke aufgeteilt und erst nach und nach wieder in die Vereinigten Staaten aufgenommen.
S. 175	**a caste system**	Gesellschaftsform, die aus genau abgegrenzten, hierarchisch geordneten, füreinander undurchlässigen Gruppen besteht (z. B. in Indien).
	mandrake	Alraune, Kräutergattung der Nachtschattengewächse, aufgrund der Ähnlichkeit ihrer Wurzel mit dem menschlichen Körper Objekt des Aberglaubens.
S. 176	***Meditations of Joshua S. St. Clair***	Nicht ermittelt, vermutlich fiktiv.
S. 186	**corn bread**	In den Südstaaten beliebtes süß-salziges Maisbrot.
S. 195	**Henry W. Grady**	Der Journalist und Zeitungsbesitzer Henry W. Grady (1850–1889) war der führende Sprecher des "New South Movement", das sich von einer tiefgreifenden Industrialisierung des Südens mithilfe von Investitionen aus dem Norden eine dauerhafte Besserung der Verhältnisse in den Südstaaten erhoffte. Darüber hinaus appellierte Grady an die weißen Südstaatler, die neuen Rechte der schwarzen Bevölkerung zu respektieren. Gradys Vision eines friedlich geteilten Wohlstands aller Bürger im Süden der USA gab

		vielen seiner Zeitgenossen in den schwierigen Jahrzehnten nach dem verlorenen Bürgerkrieg Hoffnung.
S. 196	**Ku Klux (...) Klan**	Die erste Gründung dieses in den amerikanischen Südstaaten beheimateten Geheimbundes erfolgte kurz nach dem verlorenen Bürgerkrieg im Jahr 1867. Ziel war es damals wie später, die schwarze Bevölkerung durch Schrecken und Terror daran zu hindern, sich aus der Unterdrückung durch die ehemalige Herrenschicht der weißen Sklavenhalter zu befreien. 1915 kam es zur Neugründung. Im folgenden Jahrzehnt wuchs die verdeckte Mitgliederschaft des Ku Klux Klan vermutlich auf mehrere Millionen an. Es kam zu zahllosen Übergriffen gegen Schwarze und andere Minderheiten. Ab Mitte der 1920er Jahre ging der Einfluss des Ku Klux Klan jedoch wieder zurück.
S. 201	**ecclesiastical windows**	Kirchenartige (Bogen-)Fenster.
S. 209	**Braxton Bragg**	Braxton Bragg (1817–1876) war ein berühmter Südstaaten-General.
S. 211 f.	**Mennonites**	Evangelische Glaubensgemeinschaft, die sich seit Ende des 17. Jahrhunderts von Deutschland aus auch in Amerika ansiedelte. Mennoniten praktizieren die Erwachsenentaufe und verbinden ihre religiöse Überzeugung mit einem konsequenten Pazifismus.
S. 212	**voted the straight Prohibition ticket**	... verfocht die strikte Einhaltung der Prohibition. Anfang 1916 war das Prohibitions-Gesetz, das die Herstellung und Verbreitung von alkoholischen Getränken untersagte, parlamentarisch verabschiedet und sogar mit der Zweidrittel-Mehrheit des Kongresses als 18. Verfassungszusatz in die amerikanische Verfassung aufgenommen worden. Ende 1933 wurde die Prohibition beendet. Mr Tensaw Jones ist demnach ein Anhänger eines mittlerweile aufgehobenen Gesetzes.

S. 213	**William Jennings Bryan**	Bryan (1860–1925) war ein Führer des im amerikanischen Süden besonders fest verwurzelten christlichen Fundamentalismus. So drang er etwa darauf, die Evolutionslehre aus dem Schulunterricht zu verbannen. 1896 wurde Bryan als Präsidentschaftskandidat nominiert, erlitt jedoch eine Niederlage.
S. 216	**Arlington**	Gemeint ist Arlington House, das Wohnhaus des legendären Südstaaten-Generals Robert E. Lee.
S. 227	**Robert E. Lee Ewell (...) his namesake**	General Robert Edward Lee (1807–1870) hatte von Februar bis April 1865 den Oberbefehl über die Armee der Südstaaten inne. Er galt als ausgemachter Meister der Kriegsführung. – Richard Stoddert Ewell (1817–1872) hatte die Militärakademie West Point besucht und war im Bürgerkrieg General der Südstaaten. Er verlor im Krieg ein Bein und wurde 1865 gefangengesetzt.
S. 238	**ambidextrous**	Mit beiden Händen gleich geschickt.
	Sherlock Holmes	Berühmte Detektiv-Figur des englischen Autors Sir Arthur Conan Doyle (1859–1930).
S. 241	**chiffarobe**	Garderobenschrank mit Schubfächern.
S. 245	**ground-itch**	Krätze, Hautkrankheit.
S. 262	***ex cathedra* remarks**	Wörtlich (lateinisch): Bemerkungen „vom Lehrstuhl herab". Allgemein verwendet im Sinne von: mit größter Autorität vorgebrachte, die Diskussion beendende Äußerungen.
S. 273	**Thomas Jefferson**	Jefferson, der dritte Präsident der USA (1801–1809), lebte von 1743 bis 1826. Der Anwalt und Gutsbesitzer verfasste 1775/1776 als Delegierter des Revolutionären Kontinentalkongresses die amerikanische Unabhängigkeitserklärung. Später war er Gouverneur von Virginia, amerikanischer Außenminister unter George Washington und Vizepräsident unter John Adams, bevor er dann selbst Präsident

		wurde. Er gründete die Demokratisch-Republikanische Partei (die Vorgängerin der heutigen Demokratischen Partei).
S. 273	**all men are created equal**	Diese für die Verfassung der USA und das Selbstverständnis der Amerikaner bedeutsame grundsätzliche Feststellung findet sich im zweiten Satz der amerikanischen Unabhängigkeitserklärung.
S. 274	**a Rockefeller**	Der amerikanische Öl-Unternehmer John Davison Rockefeller (1839–1937) war zu seiner Zeit der reichste Mann der Welt. Sein Name wurde zum Inbegriff eines Mannes von unermesslichem Reichtum.
S. 274	**Einstein**	Der deutsch-amerikanische Physiker Albert Einstein (1879–1955) ist der Schöpfer der Relativitätstheorie und galt aufgrund seiner Entdeckungen als Inbegriff des menschlichen Genies.
S. 307	**Presbyterians**	Bezeichnung für Mitglieder der reformierten Kirchen.
S. 308	**J. Grimes Everett**	Nicht ermittelt, möglicherweise eine Erfindung Harper Lees.
S. 313	**Mrs Roosevelt**	Anna Eleanor Roosevelt (1884–1962) war als Frau des 32. amerikanischen Präsidenten Franklin Delano Roosevelt zwischen 1932 und 1945 Amerikas First Lady. Sie nahm erheblichen Einfluss auf die Politik dieser Jahre und setzte sich u. a. für die Gleichberechtigung der Farbigen ein. 1947 bis 1951 wirkte sie als Präsidentin der UN-Kommission für Menschenrechte.
	Birmingham	Größte Stadt in Alabama.
S. 327	***Grit Paper***	1882 gegründete, bis heute erscheinende populäre Familienzeitschrift in den USA.

S. 329	**Elmer Davis**	Der Rundfunk-Journalist Elmer Davis (1890–1958) war während des Zweiten Weltkriegs der Direktor des "U. S. Office of War Information".
S. 336	**Cotton Tom Heflin**	James Thomas Heflin (1869–1951), amerikanischer Politiker, der den Spitznamen "Cotton" trug.
	NRA – WE DO OUR PART	NRA steht für "National Recovery Administration", eine 1933 von Franklin D. Roosevelt eingerichtete Bundesbehörde, deren Aufgabe es war, Rahmenbedingungen zur Bekämpfung der Wirtschaftskrise zu schaffen. Dabei ging es etwa um die Unterbindung unfairen Handels, die Einführung von Mindestlöhnen sowie Obergrenzen der Wochenarbeitszeit und insgesamt um die Verminderung der Arbeitslosigkeit. Das Verfassungsgericht (die "nine old men") machte 1935 solchen Eingriffen in die Wirtschaft ein Ende. Sie wirkten sich aber noch in der Folgezeit weiter positiv aus.
	the National Recovery Act	Der im Juni 1933 verabschiedete "National Industrial Recovery Act" war ein wichtiger Bestandteil der von der "National Recovery Administration" unternommenen Anstrengungen zur Belebung der Wirtschaft.
S. 337	**one of those dog Victrolas**	Gemeint ist das Logo der Firma Victor Talking Machine Company, die Grammophone herstellte. Das Logo zeigt einen Hund neben einem Lautsprecher.
S. 345	**Ad Astra Per Aspera**	Wörtlich (lat.): zu den Sternen durch große Anstrengung. Die weit verbreitete Wendung wird meist in der umgekehrten Form „per aspera ad astra" verwendet (was aber letztlich dasselbe bedeutet).

3.6 Stil und Sprache

ZUSAMMEN-FASSUNG

- → Das Geschehen wird in *To Kill a Mockingbird* aus der Perspektive eines Kindes geschildert. Dabei versetzt sich eine inzwischen erwachsene Erzählerin in ihr früheres Ich hinein. Das gibt ihr die Möglichkeit, auf vielfältige Weise den Erlebnishorizont der noch überwiegend kindlich-naiven Figur mit dem Erkenntnishorizont einer reiferen Lebensstufe zu verknüpfen.
- → Diese Möglichkeit, Erlebnisse und Erkenntnisprozesse aus doppelter Perspektive zu schildern, wiederholt sich auf der Ebene der Handlung im Geschwisterpaar Jem und Scout. Jem ist gerade im Begriff, die Kindheit hinter sich zu lassen, und versteht daher vieles besser als Scout, die sich wiederum über seine Überlegenheit, die sie nicht anerkennen mag, ärgert. Diese Konstellation nutzt die Autorin nicht nur, um humoristische Effekte zu erzielen, sondern sie dient ihr auch zu dem Zweck, den Leser an den im Roman vermittelten Erkenntnisprozessen teilhaben zu lassen.
- → Humor durchzieht den gesamten Roman. Mit seiner Hilfe wird auf unsentimentale Weise die Erinnerung an eine inzwischen versunkene Welt heraufbeschworen; zudem erweist er sich als geeignetes Mittel, die kindliche Unreife der Hauptfigur vorzuführen und dieser zugleich die Sympathie des Lesers zu bewahren.

Erzählperspektive: kindliches und erwachsenes Sprechen

Zwei sich überlagernde Perspektiven

Die von Harper Lee gewählte Erzählperspektive hat wesentlichen Einfluss auf Stil und Sprache des Buches, denn die Autorin erzählt die Geschichte aus der **Perspektive eines Kindes**. Die **Stimme der Erzählung** ist jedoch überwiegend die der erwachsenen Erzählerin, die im Rückblick von den Erfahrungen berichtet, die sie im Alter zwischen sechs und acht Jahren gemacht hat. Diese Entscheidung für zwei Perspektiven auf das Geschehen und zwei Stimmen der Erzählung[54] hat viel Zustimmung, aber auch **Kritik** hervorgerufen. Exemplarisch wird das durch die beiden folgenden Zitate belegt. Der erste, positive Kommentar stammt aus einer 1960 erschienenen Rezension des Buches, der zweite, negative, aus einer 1974 veröffentlichten kritischen Rückschau auf Bücher, die den Pulitzer-Preis gewonnen haben:

> "Harper Lee (...) chooses to tell her story through the eyes of children, a strategy that I cannot normally bear because it prevents an adequate moral judgement on the fable. But Miss Lee has taken her risks and emerged triumphant. What is so good about *To Kill a Mockingbird* is not the substance but the tone with which it is treated. The story becomes a truthful tale about the difficulties of living well in a world where ignorance and prejudice make inroads in human decency."[55]

---

54 In der deutschen Erzählforschung, im Anschluss an die Typologie grundlegender „Erzählsituationen" durch Franz K. Stanzel, wird gewöhnlich nicht zwischen Erzählperspektive und Stimme des Erzählers unterschieden. Diese Differenzierung geht auf den französischen Narratologen (Erzählforscher) Gérard Genette zurück, der von Modus (Perspektive) und Stimme der Erzählung spricht. Mithilfe dieser Unterscheidung ist es möglich, Erzählanordnungen angemessen zu beschreiben, in denen die Wahrnehmungsinstanz und die berichtende Instanz auseinanderfallen; diese Situation kommt sehr häufig vor und ist beispielsweise automatisch in jeder in der dritten Person gehaltenen Erzählung gegeben.

55 Malcolm Bradbury: [Review of *To Kill a Mockingbird*]. In: Punch, 26. Oktober 1960, S. 612. Zitiert nach: Bloom, *Bloom's Notes*, S. 30.

W. J. Stuckley hingegen meint: "(…) the author fails to establish and maintain a consistent point of view. The narrator is sometimes a mature adult looking back and evaluating events in her childhood. At other times she is a naïve child who fails to understand the implications of her actions. The reason for this inconsistency is that the author has not solved the technical problems raised by her story and whenever she gets into difficulties with one point of view, she switches to the other."[56]

Identifikation und Reflexion

Diese Kritik betont einseitig die vermeintliche Schwäche der zwischen dem Verständnishorizont des Kindes und dem der erwachsenen Erzählerin hin- und herwechselnden Erzählperspektive. Sie übersieht, dass gerade diese **uneinheitliche Perspektive** die reizvolle und auch ästhetisch überzeugende Möglichkeit bietet, den Leser einerseits an der noch weitgehend naiven Kinderwelt Scouts teilhaben zu lassen und ihm dennoch die Reflexion über das im Roman Erzählte zu erleichtern. Sie ist kein handwerklicher Fehler, sondern vielmehr die natürliche Folge einer Erzählanordnung, die Romanlesern oft begegnet: Ein Erzähler schildert, was ihm vor langer Zeit selbst begegnet ist. Als guter Erzähler versucht er die damalige Welt für den Zuhörer heraufzubeschwören, ihn in sein ehemaliges Erleben hineinzuversetzen. Als intelligenter und mittlerweile welterfahrenerer Mensch bemüht er sich jedoch auch, das Vergangene, das ihm erzählenswert erscheint, im Rückblick einzuordnen und zu bewerten. Man erzählt, um sich über die Bedeutung zurückliegender Geschehnisse (ihre Bedeutung überhaupt sowie ihre Bedeutung für das eigene Leben) klar zu werden. Der Leser wird an diesem Prozess der Erkenntnisbildung beteiligt.

---

56 W. J. Stuckley: The Pulitzer Prize Novels: A Critical Backward Look. Norman 1981, S. 194. Zitiert nach: Bloom, *Bloom's Notes*, S. 42.

In manchen Passagen wird diese doppelte Erzählperspektive besonders deutlich. So heißt es gegen Ende des zweiten Kapitels, das von Scouts erstem Schultag handelt:

Beispiele für die doppelte Erzählperspektive

> "I would have saved myself some inconvenience and Miss Caroline subsequent mortification, but it was beyond my ability to explain things as well as Atticus, so I said. (...) Miss Caroline stood stock still, then grabbed me (...),(...) Hold out your hand.' / I thought she was going to spit in it, which was the only reason anybody in Maycomb held out his hand: it was a time-honoured method of sealing oral contracts. (...)" (S. 28)

Sowohl vom Verständnishorizont des Bewusstseins her wie auch sprachlich findet hier ein **Wechsel** statt: Im ersten Satz kommentiert die erwachsene Erzählerin mit erwachsenem Wortschatz ("inconvenience [...] subsequent mortification") Scouts Unvermögen, Miss Caroline über die Situation aufzuklären, ohne sie zu brüskieren. Der nächste Abschnitt ("Miss Caroline [...] to spit on it") ist ganz aus dem Erleben und mit den Worten des Kindes geschildert. Die angeschlossene Erläuterung schließlich gibt wieder, was sich das Kind denkt, warum es die Situation fehlinterpretiert, ist jedoch sprachlich als Kommentar der erwachsenen Erzählerin gegenüber dem Leser formuliert. Auch das leuchtet ein, denn für das Kind ist diese Erklärung – die aber wohl nicht zutrifft: Es wird auch in Maycomb noch andere Anlässe gegeben haben, die Hand auszustrecken – eine solche Selbstverständlichkeit, dass sie nicht eigens erwähnt werden muss. Dass die erwachsene Erzählerin diese Erklärung nicht berichtigt, sondern sie sich kommentarlos gleichsam aneignet, dient dem humoristischen Effekt einer **kurzfristigen Identifikation der erwachsenen Erzählerstimme mit der Stimme des Kindes**. Indem die Erklärung scheinbar ernst genommen wird,

Zweierlei Verständnishorizont und zweierlei Sprache

Humoristischer Effekt

werden auf anschauliche Weise sowohl Scouts kindlich beschränkter Erfahrungshorizont wie auch die Fremdheit der zugezogenen jungen Lehrerin im Universum von Maycomb beleuchtet.

Im dritten Kapitel benimmt sich Scout taktlos gegenüber ihrem zum Mittagessen eingeladenen Mitschüler Walter Cunningham, wird dafür von Calpurnia scharf gemaßregelt und muss ihre Mahlzeit in der Küche beenden:

> "I retrieved my plate and finished dinner in the kitchen, thankful, though, that I was spared the humiliation of facing them again. I told Calpurnia to just wait, I'd fix her: one of these days when she wasn't looking I'd go off and drown myself in Barker's Eddy and then she'd be sorry." (S. 33)

Erwachsene Erzählerin und kindliches Ich

Die impulsive Reaktion des Kindes, das im Grunde weiß, dass es sich daneben benommen hat, das dies aber im Augenblick nicht wahrhaben möchte und nur den Wunsch hat, sich für seine Demütigung zu rächen, steht hier in deutlichem und humorvollem Kontrast zu der eher nüchternen, vernünftigen Betrachtung der Situation im ersten Satz. Die im ersten Satz geschilderte Reaktion übersteigt nicht den Erlebnishorizont des Kindes. Sie wird jedoch durch die trotzige Reaktion überlagert, von der der zweite Satz berichtet. Entsprechend ist der erste Satz mit der Stimme der erwachsenen Erzählerin gesprochen, während der Leser im zweiten Satz deutlich die Stimme des kindlichen Ichs heraushört.

Ähnlich gelagerte Stellen durchziehen den ganzen Roman.[57] Dabei gelingt es der Autorin auf unauffällige und subtile Weise, die

---

57 Vgl. etwa: S. 38, 44 f., 59, 99 f., 115, 136, 138 f., 170 f., 172, 184, 189, 191, 200 f., 202, 204, 205, 217, 219, 220 f., 228, 230, 236, 312, 322, 327, 328 f., 344. Diese Liste stellt natürlich nur eine Auswahl derjenigen Stellen dar, an denen sich die Besonderheiten der von Harper Lee gewählten Erzählanordnung und ihrer Auswirkungen auf Stil und Sprache des Romans besonders gut darstellen lassen.

Entwicklung der Geschwister – ihre zunehmende Fähigkeit, Zusammenhänge zu erkennen und Menschen und Situationen richtig einzuschätzen – sichtbar werden zu lassen. Der Erkenntnisfortschritt der Kinder ist zugleich der Erkenntnisfortschritt des Lesers – auch wenn dieser, aufgrund der offenen und versteckten Hinweise der erwachsenen Erzählerin sowie aufgrund seiner eigenen überlegenen Kombinationsfähigkeit den Kindern immer um ein paar Schritte voraus ist. Zusammen mit ihnen nähert er sich mehr und mehr einem adäquaten Verständnis der geschilderten Ereignisse an. Nicht zu Unrecht hat William T. Going diesem Aspekt des Romans ein besonderes Gewicht zugemessen: "The struggle of the children toward maturity (...) occupies more space than Atticus' struggle to free Tom, the central episode."[58]

Erkenntnisfortschritte von Scout und Jem als Erkenntnisfortschritte des Lesers

Harper Lee schlägt jedoch nicht nur aus der **zwangsläufigen Überlegenheit an Weltwissen und Urteilsvermögen der erwachsenen Erzählerin gegenüber Scout** erzählerisches Kapital, sondern sie nutzt darüber hinaus auch das unterschiedlich entwickelte Urteilsvermögen der Geschwister: Der um vier Jahre ältere und besonnene Jem durchschaut vieles notwendig besser als die jüngere und impulsive Scout. Das wird in zahlreichen Situationen deutlich. So begreift Jem offenbar viel früher als Scout, dass die Geschenke, die sie im Astloch der Eiche vor dem Grundstück des Radley-Hauses finden, von Boo stammen (vgl. S. 79–84). Mithilfe der Figur des älteren Bruders ist die Autorin in der Lage, Einsichten zu vermitteln, die Scout als Hauptfigur der Geschichte zu dem jeweiligen Zeitpunkt noch nicht haben kann. Nach der Art älterer Brüder behält Jem dabei viele seiner Einsichten für sich, sodass Scouts Unwissenheit teils humoristische Effekte hervorbringt, teils aber auch das Bedrohliche

Jems reiferes Verständnis der Geschehnisse

---

58 William T. Going: Store and Mocking Bird: Two Pulitzer Novels about Alabama. In: Derselbe: Essays on Alabama Literature. Tuscaloosa 1975, S. 23–25. Zitiert nach: Bloom, *Bloom's Notes*, S. 40.

oder Unheimliche einer Situation verstärkt. Das ist etwa der Fall, wenn Scouts Empfindung von Harmlosigkeit in scharfem Kontrast zur tatsächlichen Dramatik einer Situation steht, die dem Leser bewusst ist und die, wie sich zeigt, auch Jem nicht entgangen ist.

Scouts Arglosigkeit

Scouts Bewertung der Vernehmung von Mr Tate zu Beginn der Gerichtsverhandlung gegen Tom Robinson zeigt beispielsweise, dass sie – ungeachtet ihrer Routiniertheit in Gerichtsangelegenheiten, über die sie als Anwaltskind verfügt – die Tragweite des Falles, der doch bereits seit Wochen wie ein Damoklesschwert auch über ihrer Familie hängt, noch gar nicht wirklich begriffen hat:

> "So far, things were utterly dull: nobody had thundered, there were no arguments between opposing counsel, there was no drama; a grave disappointment to all present, it seemed. Atticus was proceeding amiably, as if he were involved in a title dispute. With his infinite capacity for calming turbulent seas, he could make a rape case as dry as a sermon. Gone was the terror in my mind of stale whisky and barnyard smells, of sleepy-eyed sullen men (...). Our nightmare had gone with daylight, everything would come out all right. / All the spectators were as relaxed as Judge Taylor, except Jem. His mouth was twisted into a purposeful halfgrin, and his eyes happy about, and he said something about corroborating evidence, which made me sure he was showing off." (S. 226 f.)

Arglos, ohne es zu wollen, beweist Scout hier nahezu dieselbe Herzlosigkeit wie die Mehrheit der aus Sensationsgier zusammengeströmten Zuschauer, denen das Schicksal Tom Robinsons gleichgültig ist (sofern sie nicht auf seine Verurteilung hinfiebern, egal ob er schuldig ist oder nicht). Obwohl Scout noch am Abend zuvor miterlebt hat, wie ein Mob entschlossener Männer sich anschickte, Tom Robinson zu lynchen, und wie dabei ihr eigener Vater in Gefahr geraten ist, macht sie sich wenig Gedanken über die im Hintergrund wirkenden Kräfte, die aufgrund der Entscheidungsgewalt der Geschworenen so großen Einfluss auf den Ausgang des Verfahrens haben. Jem ist sich hingegen dieser Gefahr sehr wohl bewusst. Nur kann auch er noch nicht glauben, dass es letztlich auf die Beweislage gar nicht ankommen wird. Er glaubt, dass die Jury keine andere Möglichkeit haben werde, als Tom Robinson freizulassen, wenn es seinem Vater zu beweisen gelingt, dass Robinson gar nicht der Täter sein *kann*. Umso schockierender ist dann – auch für den Leser, der das Unheil vorausahnt, jedoch mit Jem das Beste hofft – der tatsächliche Ausgang des Prozesses.

Jems schmerzhafte Einsichten

Damit der Leser die Voraussetzungen begreift, die zu diesem Ergebnis führen, wird gerade im Zusammenhang des Berichts über den Prozess manche Hintergrundinformation vermittelt, die gänzlich der Sicht der erwachsenen Erzählerin entspricht, was sich schon an der **Wortwahl** zeigt:

Hintergrundinformationen

> "Every town the size of Maycomb had families like the Ewells. No economic fluctuations changed their status – people like the Ewells lived as guests of the county in prosperity as well as in the depths of a depression. No truant officers could keep their numerous offspring in school; no public health officer could free them from congenital defects, various worms, and the diseases indigenous to filthy surroundings." (S. 227)

Solche Erläuterungen finden sich in dichter Nachbarschaft zu den naiven Anmerkungen Scouts. Dieser **Wechsel zwischen anspruchsvoller Reflexion und kindlicher Wahrnehmung** – sowie die damit einhergehende Mehrstimmigkeit der Erzählung – ist kein Schwachpunkt des Romans; er trägt vielmehr dazu bei, dass die

Atticus (Robert Sean Leonhard) und Scout (Ava Potter) in einer Inszenierung des Romans am Regent's Park Open Air Theatre, London, 2015 © ullstein bild – Rex Features / Jane Hobson Shutterstock

geschilderten Geschehnisse von verschiedenen Seiten beleuchtet werden und dadurch an Eindringlichkeit gewinnen.

Schilderung einer vergangenen Welt und humorvolles Erzählen

Die Kinderperspektive hilft, eine Stimmung zu etablieren, die von vielen Lesern und Rezensenten des Buches als dessen besonderer Zauber empfunden worden ist und nach wie vor empfunden wird: die Evozierung (Heraufbeschwörung) einer mittlerweile versunkenen Welt, des **ruhigen Kleinstadtlebens im Süden der USA** in der ersten Hälfte des 20. Jahrhunderts:

Evozierung einer vergangenen Welt

> "People moved slowly then. They ambled across the square, shuffled in and out of the stores around it, took their time about everything. A day was twenty-four hours long but seemed longer. There was no hurry, there was nowhere to go, nothing to buy and no money to buy it with, nothing to see outside the boundaries of Maycomb County." (S. 6)

Poesie des kindlichen Lebens und Erlebens

Auch wenn solche und andere Beschreibungen, die Zeit und Ort der Handlung intensiv anschaulich werden lassen (vgl. S. 3–6, 173 f., 200 f., 217 f. und 227 f.), in aller Regel den Kenntnisstand der erwachsenen Erzählerin spiegeln und in deren differenzierterer Sprache gegeben werden, so trägt doch die Entscheidung, ein Kind im Grundschulalter als Hauptfigur und Wahrnehmungsinstanz einzusetzen, viel zu dieser Stimmung bei. Die **Kindheit** ist per se eine Zeit der Muße und manchmal auch der Langeweile. Kinderspiele sind poetischer als die Beschäftigungen von Erwachsenen. Der Horizont eines Kindes ist notwendig auf vergleichbare Weise beschränkt wie der Horizont eines Kleinstadtbewohners, der immer zu Hause geblieben ist. Diese Beschränktheit des Horizontes, die bei Erwachsenen nicht nur Gutes, sondern auch viel Problematisches hat, wie der **engstirnige Rassismus** der weißen Einwohner von Maycomb zeigt, wirkt bei einem Kind harmlos und sympathisch als Zeichen noch unentfremdeter Existenz. Erwachsene, die bereits viele Entfremdungserfahrungen gemacht haben, neigen dazu, mit Wehmut auf die für immer verlorenen übersichtlichen und heimatlichen Verhältnisse ihrer Kindheit zurückzublicken. In *To Kill a Mockingbird* ist, ungeachtet der schweren Störungen, die die Idylle belasten, viel von solcher **Wehmut** zu spüren. Sie ist jedoch nie in Gefahr, in nost-

Schilderung einer noch unentfremdeten Existenz

Unsentimentalität der kindlichen Wahrnehmungsinstanz

algische Sentimentalität abzugleiten. Dafür sorgt der frische Blick der kindlichen Wahrnehmungsinstanz. Kinder sind nicht sentimental. Sie blicken erwartungsvoll in die Zukunft und nicht wehmütig in die Vergangenheit. Das jungenhafte, temperamentvolle Mädchen Scout ist sogar so **wenig sentimental** wie möglich. Dass ihr älterer Bruder in den späteren Teilen der Handlung eine gewisse Neigung zu sentimentalen Stimmungen aufweist, beweist nur, dass er im Begriff ist, erwachsen zu werden, und dass er bereits mit vollem Bewusstsein auf verstörende Erfahrungen zurückblickt (vgl. vor allem Kapitel 25).

Humor als Grundhaltung des Romans

Der im Roman vorherrschende **humorvolle Ton** hängt als erzählerisches Mittel eng mit der geschilderten Grundstimmung zusammen. Humor hat (im Gegensatz zur bloßen Lustigkeit) zwei Seiten: Er hat etwas Behagliches, er vermittelt ein Gefühl der Übereinstimmung mit sich selbst – ein humorvoller Mensch ist mit sich selbst im Reinen. Humor ist nichts Ätzendes, Zersetzendes, sondern etwas Positives, Bejahendes. Eine humorvolle Schilderung zeugt von Zustimmung, von Einverständnis. Und doch liegt im Humor auch ein Moment der Distanz: das Zugeständnis, dass das, womit man einverstanden ist, worauf man gerne zurückkommt, was einem am Herzen liegt und worin man sich zu Hause fühlt, doch auch seine komischen, vielleicht auch ein wenig lächerlichen Seiten hat. Lachen befreit. Das gilt nicht nur für Satire oder Schadenfreude, sondern auch für den Humor. Wovon aber gilt es sich durch eine humorvolle Haltung zu befreien?

Humor als Fähigkeit zur Selbstkritik

Im Hinblick auf die humorvolle Weise, mit der die vorherrschende Erzählinstanz (die erwachsene Erzählerin) der Wahrnehmungsinstanz (dem kindlichen Bewusstsein Scouts) begegnet, könnte die Antwort lauten: **Humoristisch bloßzustellen ist die Impulsivität, Unüberlegtheit und Intoleranz des Kindes**, das noch zu unschuldig ist, um mit seinem Denken und Verhalten viel Schaden anzurichten, das aber lernen muss, diese Haltungen zu überwinden, um später ebenso vernünftig, anständig und mitfühlend zu werden wie sein Vater. Gelingt ihm das nicht, wird es nicht weniger unreif sein, als die meisten Erwachsenen in Maycomb es geblieben sind. Zwar ist die Gefahr nicht groß: Als Tochter ihres Vaters stellt Scout schon im Grundschulalter viel Vorurteilslosigkeit und Mut, eigene Meinungen zu vertreten, unter Beweis; und die erwachsene Erzählerin erweist sich als eine klug urteilende und empathische Persönlichkeit. Aber gerade aufgrund ihrer inzwischen gewonnenen Reife betrachtet sie das Unreife ihres einstigen kindlichen Selbst natürlich nicht nur mit Wehmut, sondern mit gemischten Gefühlen: mit kritischer Sympathie. Sie verhehlt dem Leser die **kleinen Fehler und Schwächen des Kindes**, das sie einmal gewesen ist, nicht. Aber, und das ist entscheidend: Sie macht sich auch nicht einfach über das Kind lustig, sie denunziert die Figur nicht. Sie schildert sie humorvoll und bringt sie auf humorvolle Weise auch dazu, sich selbst bloßzustellen. Doch sie gibt sie nicht dem Spott des Lesers preis. Dass Hauptfigur und Erzählerin ein und dieselbe Person sind (nur in verschiedenen Lebensstadien), hilft sicher, die hierfür notwendige Balance zu wahren. In dem Feingefühl, das die erwachsene Erzählerin gegenüber ihrer Figur beweist, liegt das Versprechen, dass Scout sich über das Ende der Romanhandlung hinaus nach dem Vorbild ihres Vaters zu einem anständigen und mitfühlenden Menschen entwickeln wird.

Kritische Sympathie gegenüber der kindlichen Unreife von Scout

3.7 Interpretationsansätze

ZUSAMMENFASSUNG

- → Anhand verschiedener Figuren und Handlungsepisoden wird in *To Kill a Mockingbird* vorgeführt, wie aus tiefsitzenden – hier vor allem: rassistisch motivierten – Vorurteilen, aber auch aus leichtfertiger Lust an übler Nachrede Unheil und Leid erwachsen kann.
- → Die Spottdrossel, "the Mockingbird", dient als übergreifendes Symbol für solche unheilvolle Gewalt gegen wehrlose Kreaturen, welche im Roman ausdrücklich als Sünde bezeichnet wird. Dieses titelgebende Symbol unterstreicht die ‚Botschaft' des Romans, bleibt dabei aber zu vage, um ganz überzeugen zu können.
- → Die Versuche von Interpreten, weitere Elemente der Romanhandlung symbolisch auszudeuten, wirken zumeist bemüht und sind selten erhellend. Daraus lässt sich zweierlei folgern: Man sollte sich generell hüten, überall symbolische Bedeutungen aufspüren zu wollen; und: Harper Lees Kunst als Erzählerin liegt weniger in der symbolischen Aufladung einzelner Handlungsmomente als vielmehr in der Gestaltung lebendiger Personen und in einer raffinierten Erzähltechnik, mit der sie ihre Anliegen ebenso beiläufig wie nachdrücklich zur Geltung bringt.

Vorurteile und ihre bösen Folgen

Arthur Radley

Vorurteile spielen, wie leicht erkennbar, in *To Kill a Mockingbird* eine außerordentlich wichtige und verhängnisvolle Rolle. Die Vorbehalte der Einwohner von Maycomb gegenüber der andersartigen Radley-

Familie, aber besonders auch die Vorurteile des alten Mr Radley selbst (vgl. S. 12 und 59), führen dazu, dass Arthur Radley so lange fern von Menschen gehalten wird, bis er sich selbst nicht mehr unter Menschen traut. Aus der Perspektive der Einwohner von Maycomb wird er damit zum Phantom, über das die abenteuerlichsten Gerüchte ins Kraut schießen, die wiederum von den Kindern begierig aufgesogen werden (vgl. S. 10–16).

Noch schlimmere Wirkungen zeitigen **die aus rassistischem Dünkel gespeisten Vorurteile** der weißen Bevölkerungsmehrheit gegenüber den Schwarzen. Das Schicksal Tom Robinsons steht stellvertretend für diese fatalen Folgen. Aber nicht nur die Farbigen selbst, sondern auch diejenigen Weißen, die sich für ihre Rechte einsetzen und mit ihnen ohne Berührungsängste zusammenleben, werden Opfer von Vorurteilen. Das gilt insbesondere für Atticus Finch, seine beiden Kinder und Dolphus Raymond (vgl. S. 211, 214–216, 249 und 267–269). Wie schwer es ist, sich von Vorurteilen freizuhalten, zeigt das Beispiel des sonst so sensiblen und besonnenen Jem, der Dill sogleich mit den über Mr Raymond kursierenden abschätzigen Meinungen infiziert, nachdem er zu Beginn des Romans bereits recht gedankenlos das über Arthur Radley umlaufende Geschwätz übernommen und ausgesponnen hat (vgl. S. 13 f.). Mr Raymond ist weise genug, um die gegen ihn gerichteten Vorurteile zu durchschauen, und tapfer genug, seine farbige Familie dennoch nicht im Stich zu lassen. Er findet jedoch ein Mittel, die Wut der weißen Einwohner der Stadt auf ihn, der als Weißer die Rassenschranken durchbrochen hat, zu kanalisieren. Dass er es für klüger hält, in den Augen seiner Mitbürger als Alkoholiker zu gelten, damit seine Lebensweise als Folge persönlichen Verfalls gedeutet und vergeben werden kann, beweist jedoch den enormen Druck und die **Gefahr für die Sicherheit des Einzelnen**, die von rassistisch motivierten Vorurteilen ausgehen.

Tom Robinson

Mr Dolphus Raymond

Tiefsitzender Rassismus der Mehrheit der weißen Bevölkerung

Der tiefsitzende Rassismus der weißen Bevölkerung wird besonders in der Reaktion des Publikums im Parterre des Gerichtssaals auf Tom Robinsons Bemerkung deutlich, Mayella Ewell habe ihm leidgetan. Dass ein Schwarzer gegenüber einer Weißen Mitleid empfinden könne, wird als unverschämte Anmaßung aufgefasst (vgl. S. 264).

Angriffe auf „Niggerfreunde"

Auch Atticus Finch und seine Kinder bekommen die Gefährlichkeit rassistisch begründeter Vorurteile zu spüren: Atticus wird von Bob Ewell bespuckt, seine Kinder werden beinahe umgebracht. Richter Taylor, der während des Prozesses aus seiner Verachtung für den Vater der Klägerin keinen Hehl gemacht hat, erhält Besuch von einem Einbrecher, bei dem es sich vermutlich ebenfalls um Ewell handelt (vgl. S. 332 f.).

Rassistisch motivierte Vorurteile sind dabei nicht ausschließlich die Sache von **ressentimentgeladenen Verlierern der Gesellschaft** wie Bob Ewell oder den Farmern, die die Wirtschaftskrise jener Jahre besonders existenziell berührt (vgl. das Auftreten des zum Lynchmord entschlossenen Mobs in Kapitel 15). Auch Mrs Dubose teilt solche Vorurteile – "'Your father's no better than the niggers and trash he works for!'" (S. 135) –; ebenso **Mr Underwood**, der Schwarze verabscheut (vgl. S. 209), ohne sich aber dadurch daran gehindert zu sehen, Atticus Feuerschutz zu geben, als dieser Tom Robinson vor dem gewaltbereiten Mob beschützt (vgl. S. 206). Auch zögert er nicht, die spätere Erschießung von Robinson bei dessen Fluchtversuch öffentlich als Sünde anzuprangern (vgl. S. 322 f.). Unerschrockene Zivilcourage mischt sich hier mit tiefsitzenden Vorurteilen.

Tante Alexandras Vorurteile

Atticus' eigene Schwester Alexandra steckt voller dünkelhafter Vorurteile (vgl. besonders Kapitel 13). Sie ist in dieser Hinsicht ein **Musterbeispiel einer "Southern lady"**. So verwundert es nicht, dass ihr die Stellung, die Calpurnia im Hause ihres Bruders einnimmt, ein Dorn im Auge ist: "She waited until Calpurnia was in the kitchen, then she said: 'Don't talk like that in front of them. (...) I don't think it's a good habit, Atticus. It encourages them. (...)'" (S. 209 f., vgl. auch S. 182 f. und 299 f.). Auf solche Weise bringt sie zum Ausdruck, dass Calpurnia für sie einfach nur eine Negerin, eine von vielen Negern, ist, und nicht eine vertraute, Vertrauen verdienende Person, geschweige denn ein Familienmitglied. Trotz dieser **bornierten Einstellung** ist Tante Alexandra allerdings doch zivilisiert genug, um das Unrecht, das Tom Robinson geschehen ist, zu empfinden (vgl. S. 284 f.) und alle Gewalttätigkeit gegen Schwarze zu verabscheuen.

Vereinzelte liberal eingestellte Personen

Die Haltung gerade von Tante Alexandra zeigt, wie sehr Atticus im Recht ist, wenn er zu Scout sagt: "'This time we aren't fighting the Yankees, we're fighting our friends. (...)'" (S. 101 f.) Dass es jedoch auch liberaler eingestellte Personen in Maycomb gibt, beweist das Verhalten von Tom Robinsons Arbeitgeber Mr Deas sowie die Entscheidung von **Richter Taylor**, Atticus Finch den schwierigen Fall zu übertragen. Die Figur des Richters lehrt den Leser zudem, sich nicht durch den ersten Eindruck über den wahren Charakter und Wert einer Person täuschen zu lassen. So hindert seine betont eigenwillige und nachlässige Verhandlungsleitung Mr Taylor keineswegs daran, ein sehr kompetenter Richter zu sein; ebenso wenig, wie Mr Underwoods Zivilcourage ihn nicht daran hindert, ein Rassist zu sein. Solche Figuren, die erst auf den zweiten oder dritten Blick kenntlich werden, sind in Harper Lees Roman nicht selten.

Tutti und Frutti Barber

Zuletzt: Das Missgeschick, das Tutti und Frutti Barber widerfährt (vgl. S. 337), ist geradezu ein Paradefall des allgemeinen Unfugs, der aus von allen Seiten genährten Vorurteilen erwächst: Die beiden unverheirateten älteren Schwestern sind Zugezogene aus Clanton, Alabama. Ihre Übersiedelung nach Maycomb liegt zwar schon eine Generation zurück ("1911"), dennoch gelten sie nach wie vor als suspekt: "The Barber ladies were rumoured to be Republicans (...). Their ways were strange to us, and why they wanted a cellar nobody knew (...) aside from their Yankee ways (...)." (S. 336 f.) "With these facts in mind" (S. 337), wie die Erzählerin ironisch anmerkt, machen sich einige Kinder der Dorfes daran, den beiden Damen einen gehörigen Schrecken einzujagen, indem sie heimlich das ganze Mobiliar des Hauses in den einzigen Keller von Maycomb schaffen. Und der Verdacht der Schwestern fällt sogleich auf fremdartige Handlungsreisende, die sich kürzlich in der Stadt aufgehalten haben: "Miss Tutti was sure those travelling fur sellers who came through town two days ago had purloined their furniture. 'Da-rk they were,' she said. 'Syrians.'" (S. 337) Die Sache klärt sich dann aber schnell auf. Als im Ganzen harmloser Zwischenfall dient die lediglich kurz berichtete Episode gleichsam als Satyrspiel zu den tragischen Verwicklungen, die verhängnisvollere Vorurteile innerhalb der Romanhandlung auslösen. Sie beweist aber gerade in ihrer Geringfügigkeit die **Allgegenwart von Vorurteilen im kleinstädtischen Kosmos von Maycomb**, dem Schauplatz von Harper Lees Roman.

"The Mockingbird" als Symbol

Atticus' Ermahnung an seine Kinder

Das Schweigen der Spottdrosseln

Der auf den ersten Blick seltsame, aber doch auch Neugier weckende und Fragen aufwerfende **Titel des Romans** erschließt sich durch einige wenige Hinweise im Text. Nachdem Atticus seinen Kindern zu Weihnachten auf ihren heißen Wunsch hin Luftgewehre geschenkt hat, obwohl er das Schießen missbilligt, sagt er eines Tages zu Jem: "'I'd rather you shot at tin cans in the back yard, but I know you'll go after birds. Shoot all the bluejays you want, if you can hit 'em, but remember it's a sin to kill a mockingbird.'" (S. 119) Da Atticus sonst das Wort Sünde nicht in den Mund nimmt, nimmt

Scout die Bemerkung wichtig und erkundigt sich bei Miss Maudie, wie ihr Vater das wohl gemeint habe. "'Your father's right,' she said. 'Mockingbirds don't do one thing but make music for us to enjoy. (…) That's why it's a sin to kill a mockingbird.'" (S. 119) Kurz darauf, als der tollwütige Hund Tim Johnson, der Vorbote des durch rassistischen Wahn verursachten Unheils, auf der Bildfläche erscheint, nimmt Scout die tödliche Stille wahr, die auf einmal herrscht, und bemerkt: "The trees were still, the mockingbirds were silent (…)." (S. 125) Unwillkürlich bringt sie die unsichtbar lauernde Gefahr mit der Mahnung des Vaters in Verbindung und zeigt damit, dass sie verstanden hat, worum es ihm ging. Viel später, am Ende des Verfahrens gegen Tom Robinson, kurz bevor die Jury erscheint, fühlt Scout sich auf einmal in jenen kalten Februartag zurückversetzt, an dem plötzlich die Spottdrossel schwieg. (In der deutschen Übersetzung des Romans ist aus der Spottdrossel eine Nachtigall geworden, wohl weil der ‚Gesang' der Nachtigall allgemein als besonders schön empfunden wird.) Diese Empfindung bringt ihre unterbewusste Ahnung zum Ausdruck, dass die Jury Robinson schuldig sprechen und damit gleichsam die **Sünde** begehen wird, eine Spottdrossel zu töten.[59] Diese Ineinssetzung des unschuldigen Opfers Tom Robinson und der Spottdrossel wird zusätzlich durch den Leitartikel betont, den Mr Underwood nach dem Bekanntwerden von Robinsons Tod veröffentlicht:

Anwendung des Symbols auf Tom Robinson

> "Mr B. B. Underwood was at his most bitter (…). Mr Underwood simply figured it was a sin to kill cripples, be they standing, sitting, or escaping. He likened Tom's death to the senseless slaughter of songbirds by hunters and children and Maycomb thought he

59 Vgl. Martin, S. 49.

was trying to write an editorial poetical enough to be reprinted in the Montgomery Advertiser." (S. 322 f.)

Anwendung des Symbols auf Arthur Radley

Doch das Bild der herzlos getöteten Spottdrossel wird nicht nur auf Tom Robinson bezogen. Scout wendet es am Ende des Romans ihrem Vater gegenüber auch auf Arthur Radley an, als Atticus sie fragt, ob sie es verstehen könne, wenn der Ausgang des nächtlichen Mordanschlags gegen sie und Jem öffentlich so dargestellt würde, als sei Bob Ewell in sein eigenes Messer gefallen. Scout hat begriffen, dass es darum geht, Arthur Radley davor zu schützen, zum öffentlich bedrängten Helden des Tages gemacht zu werden, und antwortet: "'Well, it'd be sort of like shootin' a mockingbird, wouldn't it?' / Atticus put his face in my hair and rubbed it." (S. 370)

Gewalt gegen unschuldige Kreaturen

Indem Atticus seine Rührung zu verbergen versucht, signalisiert er, dass er sich von Scout verstanden fühlt. Dennoch ließe sich einwenden, dass die Spottdrossel als **Symbol für die Schicksale Tom Robinsons und Arthur Radleys** nicht ganz überzeugt. Zu wenig passt der entscheidende Hinweis, dass die Spottdrossel nicht nur niemandem etwas zuleide tue, sondern die Menschen darüber hinaus mit ihrem Gesang erfreue, auf Tom Robinson und Arthur Radley. Scout selbst bringt den Umstand, dass der Vergleich ein wenig hinkt, mit ihrer Formulierung "it'd be sort of like (...)" treffend zum Ausdruck. Die Parallele beschränkt sich darauf, dass es gleichermaßen eine Sünde ist, sich an unschuldigen Menschen wie an unschuldigen Tieren zu vergehen. Das ist eine zentrale Aussage des Romans, die durch das – aufgrund der Titelgebung besonders herausgehobene – Symbol der Spottdrossel wirksam unterstrichen wird.

Weitere symbolische Bezüge

Die gemischte Konsistenz des Schneemanns

Abgesehen vom zentralen Symbol der Spottdrossel enthält Harper Lees Roman noch eine Reihe weiterer Handlungselemente, die sich symbolisch deuten lassen. Einige von ihnen hat Adam Smykowski zusammengestellt:[60] So besteht der **Schneemann**, den Jem zusammen mit Scout baut, notgedrungen (es hat nicht ausreichend stark geschneit) zum größten Teil aus dunkler Erde, die nur mit einer dünnen Schneeschicht bedeckt ist (vgl. S. 86–91). Dieser Umstand lässt sich als Hinweis darauf lesen, dass alle Menschen, ob sie nun schwarze oder weiße Hautfarbe haben, aus dem gleichen Material sind. Zu dieser Lesart passt, dass Atticus sich sehr lobend über Jems Einfall äußert (vgl. S. 90).

Weiß und Grün als Farben mit symbolischer Bedeutung

Die **Blüten der Kamelien**, die Jem im Vorgarten von Mrs Dubose köpft, sind weiß. Die Tat könnte daher als Versuch Jems gelesen werden, gewaltsam gegen die Vorurteile und die gehässige Bösartigkeit vieler Angehöriger der weißen Bevölkerung anzugehen. Im Roman ist jedoch von "green buds and leaves" (S. 137) die Rede, die nach Jems Wutausbruch auf dem Boden verstreut liegen. Offenbar sind die Knospen noch nicht aufgeblüht. Natürlich lässt sich auch die **Farbe Grün** als traditionelle Farbe der Hoffnung (die Jem durch die Bosheit von Mrs Dubose zerstört sieht) symbolisch ausdeuten. Die Episode zeigt aber in erster Linie, dass man die symbolische Ausdeutung von einzelnen Elementen eines Textes auch nicht überstrapazieren darf, weil sie sonst in Beliebigkeit umschlägt.

Sehnsucht nach Ordnung und Schönheit

Die von Mayella Ewell inmitten der Vernachlässigung, die ihr Zuhause kennzeichnet, **liebevoll gepflegten Geranien** zeigen zweifellos ihre Sehnsucht nach weniger verlotterten Verhältnissen an. Ob sie hingegen, wie Adam Smykowski annimmt, notwendig "Southern white womanhood" repräsentieren (welche dann vor Gericht

---

60 Adam Smykowski: *Symbolism and Racism in "To Kill a Mockingbird"*. In: O'Neill, S. 52–56.

von den Geschworenen mit zynischer Entschlossenheit in Schutz genommen wird), bleibt zweifelhaft.

Atticus kann als personifizierte Gerechtigkeit gedeutet werden; eine solche Interpretation birgt jedoch den Nachteil, dass gerade die Menschlichkeit dieser dann zur Allegorie verklärten und versteinten Figur nicht mehr angemessen in den Blick genommen würde.

Ferne und nahe „Naturvölker"

Ein unübersehbarer und von der Autorin explizit gemachter symbolischer Bezug ist hingegen der zwischen dem **Volk der "Mrunas"**, von denen Mrs Merriweather im Missionszirkel der christlichen Damen von Maycomb berichtet, und der diskriminierten schwarzen Minderheit in Maycomb (vgl. S. 308–314 und 318). Beiden Gruppen stehen die christlichen Damen mit dem gleichen bornierten Unverständnis gegenüber. Während sie sich aber außerordentlich besorgt um das Schicksal der fernen ‚Wilden' zeigen, denen der Missionar J. Grimes Everett auf so aufopferungsvolle Weise den rechten Weg zu weisen versucht, behandeln sie die farbigen Dienstboten in ihren eigenen Häusern lieblos und hart. Durch ihr praktisches Handeln im Alltag wird ihre angebliche philanthropische Gesinnung gründlich widerlegt.

Jems tiefe Anteilnahme am Schicksal Tom Robinsons

Und schließlich: Jems große Anteilnahme am Schicksal Tom Robinsons wird dadurch zum Ausdruck gebracht, dass sein **linker Arm** nach dem Mordversuch von Bob Ewell an ihm und Scout leicht verkrüppelt bleibt (vgl. S. 3). Diese Behinderung erinnert an die – wenn auch ungleich schwerere – Behinderung von Tom Robinson (vgl. S. 249 und 254),[61] die das offenkundigste Zeichen von dessen Unschuld ist und die ihm gleichwohl bei seinem Fluchtversuch zum Verhängnis wird (vgl. S. 315).

---

61 "His [Jems] left arm was somewhat shorter than his right; (...)." (S. 3) "His [Toms] left arm was fully twelve inches shorter than his right, and hung dead at his side." (S. 249)

4. REZEPTIONSGESCHICHTE

ZUSAMMENFASSUNG

To Kill a Mockingbird war vom Start weg ein phänomenal erfolgreiches Buch, was umso erstaunlicher ist, als es sich ja um den ersten Roman einer bis dahin ganz unbekannten Autorin handelte. Die Geschichte traf den Nerv der Zeit und wurde für viele Menschen zu einem ihrer wichtigsten Lese- und Bildungserlebnisse. Auch die Verfilmung des Romans, die bereits Ende 1962 in die Kinos kam, war ein großer Erfolg.

Ausgaben im Jahr des ersten Erscheinens

Die Rezeptionsgeschichte von *To Kill a Mockingbird* ist eine **überwältigende Erfolgsgeschichte**, die schon vor dem Erscheinen des Romans im Herbst 1960 beginnt. Eigentlich hatte das Buch im Juli herauskommen sollen. Doch der Termin wurde verschoben, weil mehrere Buchclubs sofort lebhaftes Interesse an dem Werk zeigten. Neben der Ausgabe bei J. B. Lippincott kam *To Kill a Mockingbird* als "Literary Guild Selection, a Book-of-the-Month Club Alternate, and a Readers Digest Condensed Book" heraus.[62] Daneben erschienen in England eine reguläre und eine Buchclubausgabe.

Auszeichnungen

Im April 1961 wurde der Roman mit dem "Alabama Association Award" und dem wichtigsten Literaturpreis der USA, dem **"Pulitzer Prize"**, ausgezeichnet. Zu dieser Zeit waren bereits 500.000 Exemplare des Buches verkauft, das inzwischen in zehn Sprachen übersetzt worden war. Im Dezember folgte die Verleihung des "Brotherhood Award of the National Conference on Christians and Jews" und 1962 des "Bestseller's Paperpack Award". Zwei Jah-

---

62 Johnson, *Threatening Boundaries*, S. XIII.

Auflagen und Übersetzungen

re nach Erscheinen des Romans hatte sich die gebundene Ausgabe des Buches zweieinhalb Millionen Mal, die Taschenbuchausgabe weitere zwei Millionen Mal verkauft. Bis 1975 stieg die Gesamtauflage auf zwölf Millionen Exemplare. Eine Untersuchung zu Bestsellern in den achtzig Jahren zwischen 1895 und 1975 kam zu dem Ergebnis, dass *To Kill a Mockingbird* in diesem Zeitraum das am siebtbesten verkaufte Buch in den USA war und der am drittmeisten verkaufte Roman (obwohl der Titel zu diesem Zeitpunkt gerade einmal 15 Jahre auf dem Markt war). 1992 hatten allein die Taschenbuchausgaben des Romans in der Popular Library und bei Warner Books eine Auflage von 18 Millionen Exemplaren erreicht. Diese ungeheure Verbreitung des Buches hat vor allem drei Gründe:

Gründe für den Erfolg in den USA

Die gesellschaftliche Bedeutung des Themas

1. Die schwarze Bürgerrechtsbewegung, die sich in den 1950er Jahren, als Harper Lee an ihrem Roman schrieb, formierte und die in den 1960er Jahren, also kurz nach Erscheinen des Buchs, ihren Höhepunkt erreichte, schuf ein breites Bewusstsein für die Wichtigkeit und moralische Dringlichkeit der Beschäftigung mit den in *To Kill a Mockingbird* behandelten Fragen von Rassendiskriminierung und Intoleranz. Umgekehrt lässt sich aber auch sagen, dass erst Harper Lees Roman viele Menschen davon überzeugte, dass die damals von den afroamerikanischen Aktivisten auf die politische Tagesordnung gesetzte Forderung nach **Beseitigung der Rassentrennung** berechtigt war.

Die Schulen

2. Seit seiner ersten Veröffentlichung bis heute ist *To Kill a Mockingbird* öfter als jedes andere Buch auf den Leselisten der weiterführenden Schulen in den USA vertreten – ungeachtet des Umstands, dass es auch überraschend häufig Gegenstand von Bemühungen war, es aus der Schule zu verbannen.[63]

---

63 Die Liste der dabei vorgebrachten Gründe ist lang und beinhaltet Einwände wie "the portrayal of conflict between children and their elders, or children questioning the wisdom of their elders;

Das Leseerlebnis

3. Die meisten Leser des Buches erinnern sich an den Roman jedoch nicht nur als eine möglicherweise lästige schulische Pflichtlektüre, sondern als ein unvergessliches Leseerlebnis, das ihnen in vieler Beziehung die Augen geöffnet hat: So heißt es in einem Artikel, der 1992 in der Zeitschrift *New Yorker* über James Carville, den im Süden der USA aufgewachsenen Manager der Präsidentschaftskampagne von Bill Clinton, erschien:

> "It was then also that he read what he calls the most important book in his life, Harper Lee's *To Kill a Mockingbird*. 'I just knew, the minute I read it, that she was right and I had been wrong' – about blacks. 'I don't want to make it noble, or anything. I was just bored with all the talk of race.'"[64]

Diese Äußerung ist keine Einzelmeinung: In einer 1991 von dem Book-of-the-Month-Club und dem Library of Congress's Center for the Book unter 5000 Personen durchgeführten Umfrage über "Lifetime Reading Habits" war *To Kill a Mockingbird* gleich nach der Bibel das Buch, von dem die meisten Befragten angaben, dass es **für ihr Leben von entscheidender Bedeutung** gewesen sei.[65]

Die erfolgreiche Verfilmung

Auch der 1961 unter der Regie von Robert Mulligan entstandene Kinofilm nach dem Roman wurde zu einem großen Erfolg. Er wurde **für acht Oscars nominiert** und gewann drei Oscars, darunter die für den besten männlichen Hauptdarsteller (Gregory Peck) und das beste Drehbuch (Horton Foote). Der wichtigste Unterschied zwischen

---

profanity or questionable language; ungrammatical speech by characters; use of black dialect; references to the supernatural or witchcraft; depictions of violence; references to sex; negative statements about persons in authority, the United States, or American traditions; the lack of portrayal of the family unit as the basis of American life; and unfavorable presentations of blacks." (Johnson, *Threatening Boundaries*, S. 15)

64 Gary Wills: "From the Campaign Trail: Clinton's Hell-Raiser". In: New Yorker, Oktober 1992, S. 93. Zitiert nach: Johnson, *Threatening Boundaries*, S. 16.

65 Vgl. Johnson: *Understanding "To Kill a Mockingbird"*, S. XI.

Roman und Drehbuch besteht in der Raffung des Handlungszeitraums auf ein Jahr, wodurch sich eine größere dramatische Dichte ergibt (und was im Übrigen auch die durchgehende Besetzung der Kinderrollen mit je einer Darstellerin beziehungsweise einem Darsteller glaubwürdiger macht). Darüber hinaus setzt der Film in manchen Einzelheiten eigene Akzente: Innerhalb der Handlung um Tom Robinson wird beispielsweise der Umstand, dass Robinsons eine Hand verkrüppelt ist und er deshalb als Täter von vornherein kaum in Frage kommt, dadurch besonders in Szene gesetzt, dass Atticus Finch ihm während der Vernehmung plötzlich ein leeres Wasserglas zuwirft, das Robinson reaktionsschnell und geschickt mit nur einer Hand, seiner gesunden Rechten, fängt. Die Geschenke Arthur (Boo) Radleys an Jem und Scout, die gleichermaßen seine Kontaktscheu wie seine Freundlichkeit und Sehnsucht nach Zuneigung deutlich machen, werden bereits im Vorspann des Filmes exponiert und kommen noch einmal in einer zusätzlichen Szene zur Geltung: Dort zeigt Jem Scout eine kleine Kiste, in welcher er die Schätze aufbewahrt, die von dem anonymen Geber für die Kinder im Astloch hinterlegt worden sind. Was die genuin filmischen Erzählmittel angeht, so ist die Kameraführung bemerkenswert statisch:

Eigene inhaltliche Akzente der Verfilmung

Die Kameraführung

> "(...) sometimes tracking slightly to the left or right, but more predominantly remaining fixed, unmoving. Even when Atticus drives from Maycomb proper to where Tom Robinson's wife Helen and the rest of the segregated Negro community (live), we see only the car's departure and arrival. In all theses ways, any sense of movement is kept to minimal levels, and the overall atmosphere of stasis and enclosure reinforced."[66]

---

66 Colin Nicholson: Hollywood and Race: *To Kill a Mockingbird*. In: John Orr and Colin Nicholson (Hrsg.): Cinema and Fiction. New Modes of Adapting 1950–90. Edinburgh 1992, S. 155. Zitiert nach: Bloom, *Bloom's Notes*, S. 47.

1969 veröffentlichte Christopher Sergel eine Bühnenfassung des Romans, die ebenfalls ein anhaltender Erfolg wurde und in den 1980er Jahren besonders in England sehr häufig inszeniert wurde. Sie gehört bis heute in beiden Ländern zum **Standardrepertoire kleinerer Theater**. Seit 1990 finden in Harper Lees Heimatstadt Monroeville jährliche Aufführungen des Stückes statt, bei denen das alte Gerichtsgebäude als Schauplatz mit einbezogen wird. 1991 startete NBC die **Fernsehserie** *I'll Fly Away*, die im Süden der 1950er Jahre spielt und die in ihrer Figurenkonstellation und in den Themen, die in den einzelnen Folgen behandelt werden, deutlich auf Harper Lees Roman Bezug nimmt. Produziert wurden zwei Staffeln mit 38 Folgen.

Adaptionen für die Theaterbühne und für das Fernsehen

5. MATERIALIEN

Zeitungsbericht über die Vernehmung des angeblichen Opfers Victoria Price

Aus einem Bericht der *New York Times* über den zweiten Prozess vom April 1933 gegen die neun jungen Schwarzen, die von Victoria Price und Ruby Bates beschuldigt wurden, sie im März 1931 körperlich misshandelt und vergewaltigt zu haben:

"By Raymond F. Daniell, Special to the *New York Times*.
Decatur, Ala., April 3.
Victoria Price, whose testimony two years ago at Scottsboro led Jackson County juries to condemn eight of nine negro defendants to death, repeated her charges today before Judge James E. Horton and a jury in the Morgan County Court House at the first of the retrials ordered by the United States Supreme Court. (...)
At times when Samuel S. Leibowitz, chief of defense counsel, pressed searching questions regarding her past, her lip curled and she snapped her answers in the colloquialisms of the 'poor white.'
Mrs. Price entered an angry denial when Mr. Leibowitz asked if she had not concocted the whole story of the mass attack by the negroes and forced Ruby Bates, the other victim of the alleged crime, to corroborate her in order to forestall the danger of her own arrest for vagrancy or a more serious offense (...)
'You can't prove it,' she shouted another time when Mr. Leibowitz promised to show the court that the condition in which doctors found her when she was examined at Scottsboro after an armed posse had taken the girls and the negroes off the train on which the attack supposedly took place, was the result of her misconduct the night before in a hobo jungle on the outskirts of Chattanooga.

Certified copies of court records from Huntsville where Mrs. Price lived with her widowed mother were offered by Mr. Leibowitz to show that prior to March 25, 1931, she had been arrested for offenses against the moral code. (...)
Although Mrs. Price insisted that she had fought the negroes until her strength gave out, and declared that her head was cut open by a blow from the butt of a pistol wielded by Patterson, Dr. R. R. Bridges, the Scottsboro physician, who testified just before adjournment, said he had found only superficial bruises and scratches when he examined her.
While the doctor was on the stand Judge Horton took a hand in the examination, showing particular interest in the physician's statement that neither Mrs. Price nor her companion, the Bates girl, were hysterical or nervous when they were brought to his office. Not until the next day, he said, did either of them show any signs of nervousness and then, after a night in jail, it manifested itself in tears. (...)"[67]

67 Zitiert nach: Johnson, *Understanding "To Kill a Mockingbird"*, S. 33 f.

6. PRÜFUNGSAUFGABEN MIT MUSTERLÖSUNGEN

Unter www.königserläuterungen.de/download finden Sie im Internet zwei weitere Aufgaben mit Musterlösungen.

Die Zahl der Sternchen bezeichnet das Anforderungsniveau der jeweiligen Aufgabe.

Task 1 **

Characterise Scout and Jem's friend Dill.

Model answer:

CHARACTERISATION

Scout describes Dill as a "pocket Merlin, whose head teemed with eccentric plans, strange longings, and quaint fancies" (p. 10). It is Dill who gives Scout and Jem the idea of luring Boo Radley out of his house (see p. 10). He is from Meridian, Mississippi, and is spending the summer in Maycomb: during this time he is staying with his aunt, Miss Rachel Haverford, a direct neighbour to the siblings (p. 8). It is not easy to get a good impression of Dill's family background. He constantly tells Scout and Jem differing, at times grotesquely fanciful stories (pp. 8ff., 47 ff., 154 and 186 ff.). It remains unclear whether what he confides to Scout at the end of the 14th chapter, following his secret flight to Maycomb – that he is getting in the way of his mother and step-father and that they would rather be by themselves – is the truth or just another fabrication. Scout's nephew Francis claims to know that Dill actually has no real home: "'Grandma says (...) he just gets passed around from relative to relative'" (p. 109 ff.).

What is clearly probable, despite all this, is that Dill lacks the care and comfort of a family – something which Scout enjoys, despite having lost her mother at an early age, and which she only comes to truly appreciate when she listens to Dill's stories (even though she expresses this in a childlike and typically Scout manner):

> "As Dill explained, I found myself wondering what life would be if Jem were different, even from what he was now; what I would do if Atticus did not feel the necessity of my presence, help and advice. Why, he couldn't get along a day without me. Even Calpurnia couldn't get along unless I was there. They needed me." (p. 191)

Dill escapes from his bleak reality to an imaginary world, which has taken on bizarre forms. Some of his precocious insights also reveal that he was not as sheltered as Scout and Jem while he was growing up, and was exposed to other influences (see pp. 73, 191). He has evidently acquired some practice in looking under the surfaces that adults present in order to conceal their weaknesses and vices (p. 286ff.). Scout and Jem simply view the trial of Tom Robinson as a bad but isolated incident which does not fundamentally rock their faith in an untouched world, but Dill sees the openly displayed injustice and racially-motivated malice as further evidence of the wrongness of the world which he sees around him. He reacts with precisely the kind of cynical bitterness (pp. 266, 287, 289) which Atticus, at the start of the trial, had been most afraid of exposing his children to: "'(...) I hope and pray I can get Jem and Scout through it without bitterness (...).'" (p. 117).

Small for his age and not as boisterous and tomboyish as Scout, rather an instigator than a daredevil, Dill is nevertheless Scout's best friend, apart from her brother. Her "engagement" to Dill, which he casually proposed in the very first summer, is something she takes very seriously. When he doesn't come during the third summer, Scout misses him terribly:

> "I had never thought about it, but summer was Dill by the fishpool smoking string, Dill's eyes alive with complicated plans to make Boo Radley emerge; summer was the swiftness with which Dill would reach up and kiss me when Jem was not looking, the longings we sometimes felt each other feel. With him, life was routine, without him, life was unbearable. I stayed miserable for two days." (p. 154)

The narrator does not tell us what became of Dill later in life. The period of time covered by the novel is given much of its particular colour and extraordinary character through the figure of Dill.[68]

Task 2 **

Characterise Miss Maudie Atkinson.

CHARACTERISATION

Model answer:
Miss Maudie is the neighbour with whom Scout and Jem have the best relationship. This is no accident: she welcomes the children with friendliness and humour and treats them with respect. She also allows them to play on her property and often invites them to come and eat cake. The children are impressed by her ability to withstand adversity without giving in to self-pity: "Miss Maudie puzzled me. With most of her possessions gone and her beloved yard

68 Further passages in the novel which illustrate Dill's character are: pp. 15–19, 47–55, 61–65, 193, 198 ff., 207, 211, 305, 320–322.

a shambles, she still took a lively and cordial interest in Jem's and my affairs." (p. 97) In addition, she repeatedly provides the children with information about what they are experiencing and about the people involved, including their own father (see pp. 128–130).

She has known Atticus and his two siblings, Aunt Alexandra and Uncle Jack, since childhood. The rural property owned by her father, Dr. Frank Buford, was right next to Finch's Landing. Miss Maudie grew up with Uncle Jack (p. 58), and they are roughly the same age (making her about ten years younger than Atticus). Her father was a doctor – an educated man like Atticus and Jack. This may explain why Miss Maudie can evaluate the events and relationships in Maycomb in a more precise and less prejudiced manner than most of the other inhabitants of the town. She also urges Scout to view Boo Radley form another perspective:

"'Do you think they're true, all those things they say about B – Mr Arthur?' (...) 'No child,' she said, 'that is a sad house. I remember Arthur Radley when he was a boy. He always spoke nicely to me, no matter what folks said he did. Spoke as nicely as he knew how.' / 'You reckon he's crazy?' / Miss Maudie shook her head. 'If he's not he should be by now. The things that happen to people we never really know.'" (p. 60 f.)

Miss Maudie's example shows Scout that it is possible to deviate from conventional roles without completely avoiding the expectations of society: "She was a widow, a chameleon lady who worked in her flower beds in an old straw hat and men's coveralls, but after her five o'clock bath she would appear on the porch and reign over the street in magisterial beauty." (p. 56) She knows how to live according to her own ideas without appearing to be an eccentric. The example of the old Radleys shows that even she can't please all the people all the time, but Miss Maudie is not bothered by that (p. 59 ff.). She generally speaks her mind, and in doing so still manages to display more tact and sensitivity than the other neighbours. This is particularly true in relation to the unrestrained and malicious gossip Miss Stephanie Crawford, who in many ways can be seen as the negative reflection of the very positively presented Miss Maudie.[69]

Task 3 ***

"The Mad Dog" – Interpret this episode, occurring in the tenth chapter, and explain the significance of its symbolism within the novel.

Model answer:

INTERPRETATION

The episode described in the tenth chapter – in which Atticus bravely steps in front of a rabid dog after all the neighbours have fled into their houses, and kills the dog with a single shot, thereby saving his fellow citizens from danger – is not just an exciting event. It is a symbolic representation of the role which Atticus occupies within the community.[70] What is remarkable about this situation is that the rabid dog is no unfamiliar stray animal, but is familiar to everyone in town. He belongs to Harry Johnson, the driver of the bus to Mobile, and is called "Tim Johnson" (p. 123). That a dog should not only have a name, but both a Christian and a surname, is unusual enough. This can also be read as a hint that the rabid dog represents the inhabitants of Maycomb, some of whom have lost their minds.

69 Important passages which shed a light on Miss Maudie's personality: pp. 21, 53, 55–61, 82, 87 ff., 90–98, 119 ff., 165 ff., 212 ff., 287–289, 307 ff., 312 ff., 316–318

70 See also Carolyn Jones' essay *The Mad Dog as Symbol*. In: O'Neill, pp. 33–48.

At two further points in the novel, the image of Atticus tackling the rabid impulses in the town for the benefit of all is repeated: now it is confirmed that the true rabid madness is within people. On the first occasion, Atticus takes a stand in front of the town jail against a mob of people who have gathered under the cover of night to lynch Tom Robinson before the trial can start. In the second case he tries to protect the innocent Robinson – due to the racist hatred of the jury – from being found guilty of a capital crime. In the first instance, Atticus is successful – even if only because his children turn up –, but in the second he fails. The connection between the three events (the two just described, plus the incident with the dog) is expressly confirmed, and not just in the adult narrator: Scout instinctively understands this connection. After the first event it says:

> "We had come in quietly (...); we went in the back door and to our rooms without a word. I was very tired, and was drifting into sleep when the memory of Atticus calmly folding his newspaper and pushing back his hat became Atticus standing in the middle of an empty waiting street, pushing up his glasses. The full meaning of the night's events hit me and I began crying." (p. 208, see also p. 127)

The other moment of sudden insight also occurs when Scout is very tired, towards the end of the long wait for the jury, which soon appears and delivers their verdict:

> "The feeling grew until the atmosphere in the courtroom was exactly the same as a cold February morning, when the mocking-birds were still, and the carpenters had stopped hammering on Miss Maudie's new house, and every wood door in the neighbourhood was shut as tight as the doors of the Radley Place. A

> deserted, waiting, empty street, and the court-room was packed with people. A steaming summer night was no different from a winter morning. (…) I expected Mr Tate to say any minute, 'Take him, Mr Finch …' (…) What happened after that had a dreamlike quality: (…) I saw something only a lawyer's child could be expected to see, could be expected to watch for, and it was like watching Atticus walk into the street, raise a rifle to his shoulder and pull the trigger, but watching all the time knowing that the gun was empty." (p. 281 ff.)

Scout already recognises in the demeanour of the jury, before the verdict is given, that Tom Robinson will be declared guilty. Her father has lost this battle.

Task 4 ****

"*To Kill a Mockingbird* is an impossible book not to like".[71] Discuss this statement by Harold Bloom (born 1930), probably the most influential literary critic in the US.

Model answer:

DISCUSSION

The assessment by US literary scholar Harold Bloom that Harper Lee's *To Kill a Mockingbird*, which was published in 1960 and received the Pulitzer Prize for Fiction in the next year, is a book which it is impossible not to like, is of course to a degree a matter of subjective taste. But it is more than that, because it says something about the special status of the novel, its characters, its location, its themes and the intentions of the author. What makes this book so likable?

---

71 Bloom, *Bloom's Notes*, p. 6.

It's a hard task to create a character who functions as a role model without being idealised, one-dimensional and boring. Harper Lee has convincingly solved this problem. Atticus Finch does not fulfil all the criteria for an ideal father – Scout and Jem have their problems with him. He is older than the fathers of their classmates and can no longer compete with them in athletic terms. In his daughter's opinion he has a boring job and seems basically to do nothing (p. 118). He seems to best like sitting at home in his chair and reading the newspaper, as the narrator never tires of pointing out. In spite of these doubts and complaints, however, she has an unshakable trust in him and even after starting school continues to sit in his lap while he is reading. From Atticus' point of view, his children are the most important thing in his life. He is completely open with them and also shares with them his professional activities and worries. In part this is because he knows that he can't fully protect them from them anyway. In doing this, however, he never talks down to them or is patronising, but he retains a natural authority which derives both from his superior insight and his ability to argue convincingly and in a way his children can understand. He takes them seriously and trusts their intelligence and moral judgement. They thank him for this by themselves being fully involved in his concerns, which is surely unusual in such young children. In this way, a close family unit is created and cemented.

The appeal of the novel is not just in the relationship of the three central figures to one another, but in the way in which this is characterised in the narrative. The reader experiences the world of the novel through the eyes of a young girl, an impulsive tomboy of above-average intelligence – but not unusually mature for her age. This means that there is no danger of the child-narrator becoming annoyingly precocious. On the contrary, she tends to be quite childish, which – when combined with her talent for insight –

makes her a very sympathetic character. The likeable and sympathetic impression made by the narration is further enhanced by the fact that the narrative voice is not just that of a child, limited by the boundaries of her experience and comprehension, but is also the voice of a grown woman who looks back on her childhood with occasional ironic distance, at the same time thrusting the reader back into the limited world of the child.

The limited world mentioned here, which can also, given the passing of time between now and then, be seen as a lost world, contributes further to the reader's warmly positive reaction to the novel. The matter-of-fact way in which the child narrator identifies with the small world of her hometown, even if she sees certain elements of it critically and doesn't even try to present it as an ideal, is effectively communicated to the reader.

Not least it is the author's moral intent to reveal a sure sense of compassion and decency which defines the atmosphere of the novel as a whole and which finds immediate expression in many of its main characters – for example Atticus, Jem, Miss Maudie, Calpurnia and Tom Robinson. It is the author's particular artistic triumph that the reader never senses a self-righteously wagging finger in the novel, and that the morality is light-footed and humorous. This is what makes *To Kill a Mockingbird* such an enduringly likable book.

LITERATUR

Zitierte Ausgabe:

Lee, Harper: *To Kill a Mockingbird.* New York: Grand Central Publishing, 1982 (ISBN 978-0-446-31078-9).

Primärliteratur:

Lee, Harper: *Wer die Nachtigall stört ...* Roman. Deutsch von Claire Malignon. Reinbek bei Hamburg: Rowohlt Taschenbuch Verlag, 37. Aufl. 2013.

Lee, Harper: *Go Set a Watchman*. New York: HarperCollins, 2015.

Sekundärliteratur:

Bernard, Catherine: *Understanding "To Kill a Mockingbird"*. San Diego u. a.: Lucent Books, 2003.

Bloom, Harold (Hrsg.): *Bloom's Notes: Harper Lee's "To Kill a Mockingbird"*. Broomall, PA: Chelsea House Publishers, 1996.

Bloom, Harold (Hrsg.): *Harper Lee's "To Kill a Mockingbird"*. Updated Edition. New York: Chelsea House, 2007 (Bloom's Modern Critical Interpretations).

Johnson, Claudia Durst: *"To Kill a Mockingbird". Threatening Boundaries.* New York: Twayne Publishers, 1994 → zitiert als: Threatening Boundaries.

Johnson, Claudia Durst: *Understanding "To Kill a Mockingbird".* A Student Casebook to Issues, Sources and Historic Documents. Westport, CT: Greenwood Press, 1994 (The Greenwood Press "Literature in context" Series).

Lavizzari, Alexandra: *Glanz und Schatten. Truman Capote und Harper Lee – eine Freundschaft*. Berlin: edition ebersbach, 2009.

Martin, Stewart (u. Ron Simpson): *Letts Explore "To Kill a Mockingbird". Harper Lee.* A Letts Educational Literature Guide. London: Letts Educational, rev. Ausg. 1999.

O' Neill, Terry (Hrsg.): *Readings on "To Kill a Mockingbird".* San Diego, CA: Greenhaven Press, 2000.

Reynolds, Margaret, und Jonathan Noakes: *American fiction: the essential guide to contemporary literature.* London: Vintage, 2003.

Zum historischen Hintergrund:

Carter, Dan T.: *Scottsboro: The Tragedy of the American South.* Baton Rouge: Louisiana State University Press, überarb. Ausg. 1979.

Hamilton, Virginia: *Alabama: A Bicentennial History.* New York: W. W. Norton, 1977.

Norris, Clarence: *The Last of the Scottsboro Boys. An autobiography by Clarence Norris and Sybil D. Washington.* New York: G. P. Putnam's Sons, 1979.

Patterson, Haywood (as told to Earl Conrad): *Scottsboro Boy.* Garden City, New York: Doubleday, 1950.

Links:

http://www.sparknotes.com/lit/mocking/ [Stand: Mai 2017]
→ Frei zugänglicher Study Guide zum Roman auf der Seite "Spark Notes".

http://www.gradesaver.com/classicnotes/titles/killmockingbird/ [Stand: Mai 2017]
→ Frei zugänglicher Study Guide zum Roman auf der Seite "GradeSaver".

http://memory.loc.gov/learn/lessons/98/mock/intro.html
[Stand: Mai 2017]
→ Informationen zum zeitgeschichtlichen Hintergrund von der Library of Congress.

http://www.biography.com/people/harper-lee-9377021!
[Stand: Mai 2017]
→ Biografie der Autorin auf der Seite "Biography.com".

http://www.zeit.de/kultur/literatur/2015-07/harper-lee-gehe-hin-stelle-einen-waechter/komplettansicht [Stand: Mai 2017]
→ Rezension der deutschen Ausgabe von *Go to Set a Watchman* in der *ZEIT*.

Verfilmung:

To Kill a Mockingbird. USA 1962.
Regie: Robert Mulligan.
Drehbuch: Horton Foote.

STICHWORTVERZEICHNIS